国家社会科学基金项目（20CYY042）

辽宁省教育厅基本科研项目（JYTMS20230675）

基于GIS的东北地区地名 空间分布特征及影响因素研究

Research on the Spatial Distribution Characteristics and Influencing
Factors of Place Names in Northeast China Based on GIS

朱振华 著

东北财经大学出版社
Dongbei University of Finance & Economics Press
大连

图书在版编目（CIP）数据

基于GIS的东北地区地名空间分布特征及影响因素研究 / 朱振华著. 一大连：
东北财经大学出版社，2024.4
ISBN 978-7-5654-5189-8

Ⅰ.基…　Ⅱ.朱…　Ⅲ.地理信息系统-应用-地名-研究-东北地区　Ⅳ.K923

中国国家版本馆CIP数据核字〔2024〕第057956号

东北财经大学出版社出版发行

大连市黑石礁尖山街217号　邮政编码　116025

网　　　址：http://www.dufep.cn

读者信箱：dufep@dufe.edu.cn

大连图腾彩色印刷有限公司印刷

幅面尺寸：170mm×240mm　字数：171千字　印张：11.5　插页：1
2024年4月第1版　　　　2024年4月第1次印刷
责任编辑：魏　巍　赵宏洋　责任校对：那　欣
封面设计：原　皓　　　　版式设计：原　皓
定价：65.00元

前言

习近平总书记在哲学社会科学工作座谈会上的重要讲话中强调，要重视发展具有重要文化价值和传承意义的"绝学"、冷门学科。地名作为反映当地文化发展的窗口之一，是珍贵的非物质文化遗产。地名不仅保存了丰富的语言资料，而且是沉淀了独特历史和文化内涵的"活化石"。随着空间综合社会科学的发展，地理信息系统（GIS）逐渐为社会科学研究提供了强大的技术支持。利用空间分析方法来研究地名，能够更加清晰直观地表现不同由来地名的空间分布形态。此外，利用遥感卫星影像分析生态环境，揭示环境因素对地名分布的影响，能够更加有针对性地保护和传承传统文化。

从古至今，地名与我们的生活息息相关。地名管理作为社会管理和公共服务的一项基础性工作，涉及面广，服务性强。随着社会经济的发展、科技的进步、交通和通信的便利，有关地名的信息愈来愈多，如何科学合理地利用这些资源，并结合地理信息系统技术来解决新老地名变化等问题愈加迫切。

本书在重现东北地区地名时空分布的基础上，探讨了东北地区地名与环境之间的时空关系。利用搜集得到的东北地区不同语源的地名，通过空间分析方法研究东北地区历史时期和现今的地名及人口的空间分布，对比分析不同语源地名的空间分布格局，探讨地名文化的空间分布情况。同时，利用GIS分析现今地名文化景观和生产方式的空间分布特征，探讨两者之间的空间相关关系。最后，对地名文化景观在不同环境下的空间分异特征进行地理探测，分析人文和自然环境因子对于不同由来地名文化景观分布格局的影响，从而研究地名文化景观在历史进程中的变化。

具体而言，本书共分为6章：

第1章从地名文化景观、地名空间分析、基于GIS的时空研究等方面进行文献回顾，同时收集和整理相关史料文献，进行地名数据库构建，发现东北地区的地名主要来源于阿尔泰语系，该语系包括满语、锡伯语、鄂温克语、鄂伦春语、蒙古语、赫哲语、达斡尔语等。

第2章分析东北地区历史时期地名和人口空间分布，发现这些不同语源地名依然能够反映东北地区历史时期各聚落及其地名文化的空间分布范围，并且与东北地区的聚落分布情况相吻合，从而证明在东北地区可以利用不同语源地名分析聚落文化的历史分布情况。同时，不同语源地名的命名规律能够体现该原住民的生活生产方式，多数地名是与其所在地的地理要素相关的。

第3章分析东北地区现今地名和人口空间分布，发现两者的空间分布格局具有一定的相似性。利用空间回归模型建立两者的回归关系，结果呈现正相关，说明利用语源地名能够反映地名文化的空间分布情况；利用地名所代表的文化多样性与生态景观多样性进行回归分析，得到内蒙古地区的生态景观多样性与文化多样性呈正相关，而其他地区呈负相关，说明蒙古语在时代变革中依旧能够保持自身的文化传统。

第4章分析东北地区地名与生产方式空间分布的相关性。利用核密度生成地名文化景观，分析音译于满语（ML）地名与满族聚居区（MAR）地名，发现两者的地名文化景观分布反映了东北地区的历史变迁过程。ML地名在一定程度上反映了历史时期聚落的空间分布情况，MAR地名则反映了现今主要的分布情况；结合地名和柳条边的空间分布得出，除蒙古族一直分布在柳条边以西，汉族的分布已经扩大到整个东北平原地区；结合东北地区的历史文化背景分析，可知东北地区地名文化景观的空间分布与其生产生活方式有较强的相关性；结合各语源地名的植被和交通要素进行空间分异特征分析，得出地名文化景观的分布与植被类型以及交通距离的空间分异特征，发现在可塑性面积单元问题下，这两种要素具有很强的划区效应。

第5章分析东北地区地名文化景观分布的影响因素。通过地理探测器分析地名文化景观与环境要素的空间分异特征，发现柳条边、生态地理分区、公路交通及其交互作用是影响东北地区地名文化景观空间分布的主要因素，而影响蒙古语语源地名空间分异的主要因素是生态地理分区及其干湿状况。大量汉族移民的迁入在加速东北地区农业发展的同时，促进了东北地区的文化融合。满语地名文化景观地区适宜农耕且交通便利，更易受到农耕文化的影响。蒙古语地名文化景观受到汉族文化的影响较小，人们一直保持着传统的生活方式。

第6章是结论与展望。本章首先总结了本书的主要研究结论，即地名反映历史时期聚落分布特征，地名文化景观分布与其生活生产方式具有相关性，划区效应对植被和交通因素均具有较大影响，东北地区影响地名文化景观空间分异的因素主要为柳条边和生态地理分区等。然后根据以上结论，笔者提出加强从地名视角出发的文化景观分布历史研究的开展及结论的现实应用，以历史时期聚落分布情况反映的文化交融为内涵和出发点加强文化间交流交融等建议。

本书将时间和空间两者相结合，克服了历史研究分析的局限性，运用空间分析方法将定量分析与定性分析结合起来，探寻东北地区地名分布、形成发展的原因和规律，从而反映东北地区地名历史变迁的过程，使得探索的深度和广度远大于描述性分析。同时，本书将空间分析方法加入语源地名研究中，有助于加强语言学、生态学以及地理学之间的学科交叉，推动生态学与地理学的相关理论方法在地名研究中的实践应用，为科学有效地保护民族语源地名提供了支持。

本书是作者主持的国家社会科学基金"基于地理信息系统的满通古斯语言生态环境保护研究"（项目编号：20CYY042）和辽宁省教育厅基

本科研项目"辽宁省旅游地社会–生态系统韧性及其耦合协调的时空演化研究"（项目编号：JYTMS20230675）的阶段性成果。感谢东北财经大学旅游与酒店管理学院及东北财经大学出版社的大力支持。由于能力与资料收集的局限，本书还有诸多不足，恳请读者给予批评指正。

作　者

2023 年 12 月

目录

1　绪论

1.1　研究背景

在东北地区的历史发展过程中产生了许多具有东北地域文化特色的地名，大量的历史文献资料及地方志中用不同语言记载着地名（杨微，2017）。联合国地名标准化会议指出，地名是文化遗产，具有重要的文化和历史意义。中共中央办公厅、国务院办公厅发布的《关于实施中华优秀传统文化传承发展工程的意见》指出，随意改变地名，将造成继承文化和历史传统方面的损失。现今，中国东北地区的地名已经全部以汉语来表达，关于地名由来的研究主要集中在其语音及语义的分析方面（胡艳霞，2003）。黄锡惠利用相关的地方志等文献，对东北地区地名进行分析，探讨了满语地名翻译的语源和音变问题（黄锡惠，1995），并考释其命名的缘由，依据典型地名所在位置及其历史背景，并基于语言学中的变音理论进行讨论，探索其名称的含义及其演变过程（黄锡惠、王岸英，2004）。东北地区的音译和意译所得到的汉化地名，与原地名具有一定差异性，地名的由来出现了多种解释含义（王咏曦，1988）。因东北地区独特的地域特色，地名不应简单地利用地名通名来研究（孙冬虎，1998）。

随着时代的变迁，虽然有一部分地名未能传承下来，但目前仍存在一定数量展现地域特色的地名，这些地名作为珍贵的历史文化遗产，不但蕴含丰富的历史语言资料，而且沉淀了独特的文化内涵，成为研究历史文化的"活化石"（黄锡惠，2000）。东北地区的地名积淀了当地民族的历史与语言文化，能够在一定程度上反映该区域少数民族独特的空间特征（Fuchs，2015）。例如，吉林是吉林省和吉林市的名字，来自满语"吉林乌拉"，满语的意思为在河流的边上，其中"乌拉"是江河的意思，体现其空间位置坐落于在松花江边（吴金林等，2012）。

东北地区的地名沿革与历史的变迁，与中原汉族的移民与开荒息息相关。在清末之前，清政府一直以八旗驻防制度来保护这块"龙兴之地"，虽有过小规模的汉人迁移，但整个东北地区，仍有着浓厚的地域文化特色（Chang，2007），东北大部分地区以所在地少数民族语命名。然而随着闯关东移民的大量涌入，以及1860年之后的开禁政策，东北地区的相关地名逐渐汉化（冷翔龙，2010）。同时，随着港口的开发和铁路的修建，东北地区逐步建立起一些新兴城镇，这些新兴城镇的建立是基于所处地理环境以及当时社会因素。地名所展现的地域特色随着时代的变更逐渐变化，现今的一部分地名虽为汉字地名，却来自少数民族语言的音译或意译（林德春，2011），这为东北地区地名研究提供了方向。

1.2 文献述评

1.2.1 地名文化景观

随着新文化地理学的发展，通过地名文化景观来研究其演变过程（朱竑等，2009），探讨地名所反映的历史背景中人类与环境之间的关系（王彬等，2007），探寻它们形成发展的原因和规律，是地名应用研究的新方向（李建华等，2011）。按照命名类型的不同，地名可分为自然景观类地名和人文景观类地名（陈晨等，2014）。根据一定区域范围内的地名通名，孙百生等（2017）对不同类型地名进行统计分类、相关分析或聚类分析。东北地区地名多以所在环境及某种动植物等进行命名，但目前仅是通过描述性研究来分析其特点（陈洁，2006）。虽然这些研究对东北地区地名的构词演绎有重要的意义（黄锡惠，1991），但缺少以地名所在地文化及其所在环境作为研究对象，从地名文化景观的角度对整个东北地区进行历史文化的定量分析。

地名作为文化的载体，蕴含着当地独特的文化内涵，地名可用来反映当地的文化，并传承历史时期的文化特征。李建华等（2011）基于GIS对宁夏中卫县域内地名进行了定量分析，通过建立专题地图表现当地独特的边疆文化、移民文化和方言文化。陈优良等（2019）从景观地名的角度，利用GIS方法研究客家文化的空间分布特征，弥补了客家文化中地名文化研究的匮乏。地名可以体现历史时期的地域特征，赵寰熹（2011）讨论了民族杂居地区民族语言对历史时期形成的地名的影响。朱弘等（2009）对广州市荔湾区新老地名进行对比，分析城市演进过程中地名的变化。陈晨等（2014）基于地名来分析北京地区的地形地貌、水文、动植物、政治、军事、经济、建筑、工程与园林等文化景观的分布特征及其成因，且发现其一定程度上反映了元明清时期城市分区的情况。

对东北地区地名变更的研究，由于统计口径的不同，年代资料之间的差异较大（耿阳等，2017）。当前研究地名的资料主要有后金以及清代的《钦定满洲源流考》《钦定盛京通志》《大清一统志》《满文老档》《吉林通志》《黑龙江志稿》《黑龙江通省舆图总册》《水道提纲》《盛京吉林黑龙江等处标注战迹舆图》《东三省舆地图说》《东北舆地释略》等文献（林德春，2011；乔治忠，1994；Ning，2009）。国家清史编纂委员会的《清代东北边疆满语地名资料编目集成》是东北满语地名研究研究的集大成者（于鹏翔，2009）。同时，近现代的有关历史地理的文献也是地名研究的来源，如《清代政区沿革综表》利用文字和表格来记录当时的地区隶属关系和变化（牛平汉，1990）。此外，商务印书馆的《中国古今地名大辞典》也较为详细地记载了中国历史和现代的地名演变（臧励和，1930）。

东北地区地名的音译主要基于当地少数民族语言，林德春（2011）参考所在地的人文或环境等进行地名命名分析，将研究范围固定在一定的区域内，如通过满语地名进行满族文化的研究。当前研究主要集中在东北地区满语地名，通过定性的研究来分析其特点，基于东北地区满语的一词多意和一意多词的特点，当前的满语地名研究主要集中在特定区域内满语地名的形成、含义和语源的考释（黄锡惠等，2004），考证其名称的演变过程和含义，通过语言学中的变音理论来解释地名，以及利用方志学、人口学等进行社会以及土地利用开发的概略分析（曾早早等，2011）。清末前东北地区的城市多是在军事驻防的基础上建立的（范立君等，2006），此后则多与移民实边、招民垦荒、铁路与港口兴建有关（曲晓范，2001），所以现今东北地名以汉语和满语地名为主（任启平，2004）。

1.2.2　地名空间分析

地名作为表达地理实体的专有名称，不仅代表一定的空间范围，而且具有丰富的信息（Rose-Redwood et al.，2009）。地名不但能反映区域的植被与地貌等地理特征的空间关系（Shi et al.，2015），而且与民族、语言等人文信息相关（Douglas，2014）。地名作为历史背景的一种承载体，从一定程度上折射出意大利米兰地区的历史情况（Tucci，2011）。Luo等（2007）利用地名反映壮族文化和水稻文化的空间分布特征。Fuchs（2015）利用瑞士文学作品中的地名地理可视化其空间分布情况。Borin等（2014）利用西班牙地区的特有植被地名反映其与现今生物植被的空间关系。Fagúndez等（2016）利用地名与当地传统文化来分析土壤资源的空间分布。Capra等（2015）利用地名重建过去的土地利用情况等信息。

地名记录了当地环境特征，并可以用来反映历史环境特征。史广辉等（2015）研究了湖北西部植物地名的地理特征，及其所对应的植被覆盖情况。陈曦曦等（2014）利用地名反映了湖北省的水系、平原和山地的景观特征。Fagundez等（2016）利用西班牙地区的植被地名来反映历史时期的土地利用情况，并分析了环境和社会因素对其多样性的影响，同时利用西班牙荒野地名的方言词根反映当地历史时期的分布情况，并与现今的分布情况做比较分析。

目前，批判地名学（Critical Toponyms）的相关研究逐步发展起来（Rose-Redwood et al.，2009），地名不仅代表一个地区的名称，而且能够反映当地的人文和自然环境信息，从地名的命名角度，基于词源学等分析地名的由来（Conedera，2007），将地名作为对象，利用蕴含在地名中的信息研究区域政治、经济、文化特征（Tent，2015）。比如Fuchs（2015）通过美国地区的德语地名，反映德国移民居民地的空间分布情况。

王彬等（2007）利用GIS分析了广东地区的地名文化景观分布情况，得出了岭南特有的地理环境特征和发展历史，由于地名通名和专名具有多样性，王彬、司徒尚纪（2007）分析了地名分布的多族群和方言性，并利用EOF模型分析其分布特征；同时将地名从语种上分为三个层次，并从时间和空间上研究语言文化的空间结构和景观特征（王彬、黄秀莲、司徒尚纪，2012）。还有的学者利用GIS的点密度分析了吉林省地名文化景观的空间分布特征和成因（魏双建、郗笃刚、沈健，2018）。

利用具有强大的时空分析能力的GIS技术，目前已经有很多基于地名的当地文化研究，反映当地的风土人情（Qian et al.，2016），如利用多民族地名来研究云南地区的多民族文化，探讨不同时间不同民族的空间分布情况（Wang et al.，2014）；利用壮语地名来研究百越文化（王法辉等，2013），基于地名分布的空间情况，研究当地的自然地理因素以及人文因素（Luo，2010），以及民族地名的空间分布受到所在地何种因素的影响（Fuchs，2015）；利用地名的历史持久性和文化保留性（Eliot，2011），探讨历史背景中人类与环境之间的关系，寻找它们形成及发展的原因和规律（María，2012）。

同时，地名分布与该地区民族（族裔）人口的分布密切相关，可用来反映一定时期的人口分布情况。Fuchs（2015）根据美国中西部的德语地名，运用空间统计学方法，得出德语地名可成为目前多变社会下人口、政治以及族裔文化的体现指标。王法辉等（2012）基于广西汉化的壮语地名，反映了壮族以及非壮族文化的空间分布情况，并分析其空间影响因素，发现地名可反映历史时期壮族文化和人口的分布变化情况。Paik等（2013）基于民族语言地名体现青藏地区的历史时期民族人口分布情况，并分析地理环境对于人口分布的影响。

1.2.3 基于GIS的时空研究

（1）历史空间数据研究

地名的演变研究离不开具体的疆域、政区、地理环境，因为任何移民活动都是在一定的区域内进行的。所以地名既有适应地理环境的一面，也有反映地理环境变化的一面，通过复原历史地理环境及其发展变化的过程，有可能显示出地名沿革过程的某些片段（范立君等，2013；李凡等，2009）。

历史地图集是把历史文献资料中的地理空间信息搜集整理后，在以现代地理坐标系统为基础的现代地图上表现出来，经扫描数字化之后，在GIS上准确匹配其地物分布，包括谭其骧主编的《中国历史地图集》、侯仁之主编的《北京历史地图集》、司徒尚纪主编的《广东历史地图集》、史念海主编的《西安历史地图集》、周振鹤主编的《上海历史地图集》、山西省地图集编纂委员会主编的《山西省历史地图集》、中国气象局气象科学研究院编辑的《中国近五百年旱涝分布图集》、国家地震局地球物理研究所和复旦大学中国历史地理研究所编写的《中国历史地震图集》。

我国历史资料虽然丰富，但是具体到某一地区某一时间时，其地理要素的分配就不明确了。比如《中国历史地图集（第七册）》的明时期针对东北地区，也就是奴儿干都司的分省图，反映了永乐元年到宣德八年的政区、水系、海岸等地理要素的状况（谭其骧，1987），而这三十年中某一特定年份在这个地域上的变化，就很难从纸质地图中体现出来。所以对许多历史学家来说，很多关于地理空间方面的文献资料都因为种种原因无法充分利用，这就需要利用现在的技术手段，不仅要打破传统纸质地图因为标准年代的约束，往往只依据制图者需求表示一个或少数几个主题，地理要素比较单一的局限性，还可以同时显示传统地图无法展示的相关要素（林晖等，2006）。

历史时期的行政区划沿革数据也具有一些特有的性质：一是类型复杂性，表现为数据来源广泛，资料种类繁多，尤其是地形图资料和文档资料情况十分复杂，包括多比例尺及不同坐标、投影和出版年代的地图；二是精度差异性，不但有文字记载属性数据，还有大量精度不同的现代和历史地图数据。地形图资料的比例尺有 1：100000、1：50000、1：10000 等，不同比例尺数据之间还存在相互重叠的情况；地形图的出版年代、出版单位、采用的投影分带、坐标系统、地形图图式也各有不同（李凡，2008）。

对于历史地图，鉴于当时的测绘条件和科技发展水平，其精度与现在必定存在一定的差距，从而对地图数据质量产生影响。此外，测绘时的历史背景、部门结构、规章制度、测绘与制图的技术路线与技术选择，也都左右着测量的过程和结果，且有小部分地形图为非标准分幅，数据表格形式多样，数据内容填写不完全一致等，行政区划的勘界、行政中心、地名等都是随时间不断变化的，每个时期所获得的数据资料同样具有当时的时代特点。

同时，地名演化具有承继性和延续性的特点，其变化更多是基于历史和现实等诸多因素综合考虑的结果，即不仅关注了古近代聚落演变的沿承和扬弃，而且考虑了当时的政治、经济因素的影响；在时间上，不同朝代、年份等有不同时间尺度的节点，这就要在历史空间数据存储管理过程中充分考虑各类数据的特点和复杂程度。此外，地名演化的各种数据并不是孤立的，它们之间存在各种关联，共同为用户提供信息，如地名区域发生空间变更的同时，界限、行政中心、名称、权属等，及其相互间的组合关系也会发生相应的变更（王均，2000）。

（2）**历史数据空间化研究**

中国历史源远流长，拥有大量的历史记载和文献资料，内容形式丰富多样，既有历朝历代各类史书的记载，大量的省志、府志、州志、乡志等地方志，以及家谱、诗赋、游记、笔记等文献资源（曾庆亚，

2014），也有近现代有关考古、历史以及地理等方面研究所得的各种成果（葛全胜等，2005），这是其他国家很难相比的。从战国时期第一本有关地理的书籍《禹贡》开始，很多历史文献资料记载着具有一定空间属性的信息（葛剑雄等，2002）。历史的演变研究离不开其所在的疆域、政区以及地理环境，这与任何人类活动都是在一定的区域范围内有关（范立君、谭玉秀，2013）。

历史文献如《明史·地理志》《清通志》《大清一统志》等，近现代文献如牛平汉的《明代政区沿革综表》和《清代政区沿革综表》、郑宝恒的《民国时期政区沿革》、张在普的《中国近代现代政区沿革表》等利用文字和表格来记录当时的地区隶属关系和变化的资料，还有梁方仲的《中国历代户口、田地、田赋统计》，除此以外商务印书馆的《中国古今地名大辞典》和《中华人民共和国地名大词典》也较为详细地记载了中国历史和现代的地名演变。

中文资料档案是研究历史的第一手资料，能直接反映史实的原貌，因而具有较高的史料价值和可信度，比如档案馆所藏以及一些档案资料汇编中关于清代和中华民国时期的内容，虽然不甚完整，但能从不同侧面反映历史原貌；地方志属于区域史研究，受研究范围的限制，正史资料明显不足，地方志则可以充分发挥作用，地方志可以说是记载某个特定区域政治、经济、文化、军事、地理、民族、风俗、人物等方面的"百科全书"；近代报刊能及时传递信息、报道新闻，其容量极大，传播范围较广，社会方方面面在其中都有所体现，报刊上登载了相当数量的与当时事件有关的时评、政府的政策、难民的救济、研究论文等；文史资料，所刊者大多为当事人的回忆与追述，反映了本地经济、政治、文化、风俗等各个方面的历史情况，文史资料克服了地方志粗略描述的不足，提供了较为翔实的史料，但有些回忆与追述，随着当事人所处的时代环境与心态的变化，受事后已成定论的影响，易导致过高或过低的评价或史实性的谬误，这就需要与其他史料相互印证，得出正确或基本接近事实的结论。

对历史资料进行整理、分析、归纳、汇总，可以利用历史资料进行历史发展演变的分析（李凡，2009）。历史地图集是把历史文献资料中的地理空间信息搜集整理后，在以现代地理坐标系统为基础的现代地图上表现出来，可以经扫描数字化之后，在 GIS 上准确匹配其地物分布，包括《中国历史地图集》的多种历史地图集（谭其骧，1987），都是基于对于文献资料的搜集与运用（唐晓峰，2004）。而对于历史地图来说，虽然其拥有很高的历史研究价值，但统一的坐标系统是近代的产物，解决办法一般是以较高精度扫描纸质地图（王均等，2000），选取古今较为一致的地物作为控制点进行配准（Rumsey et al.，2002），利用坐标拉伸（Rubber Sheeting）方法来将古地图与现代坐标系统匹配（Knowles et al.，2002）。

林晖等（2006）将历史数据进行相关处理之后，利用历史 GIS 将其空间位置和属性连接起来，通过地理搜索引擎中的地名词典（Gazetteer），根据用户给定地点的坐标来进行定位，进而搜索出文史资料、图片照片等多种信息，从多角度展现当时的历史面貌。由于收集到的历史数据一般有一定的缺失和不确定性，要构建历史空间数据库，首先要对这种数据进行处理。而历史数据通常会产生误差（Gregory et al.，2007），可以利用数学法（The Mathematical），即基于模糊逻辑法（Fuzzy Logic）利用现有的精确数据去估测，如建立不确定时序实体模型（Uncertain Temporal Entity Model）（Plewe，2002）；或利用代表法（The Representational），通过布点调查的数据生成一个栅格面，每个像素的属性值都通过邻近的调查值 IPM（Inquisitiones Post Mortem）算出（Bartley et al.，1997）；或利用记录法（The Documentary），从元数据制定标准的角度来减少误差和数据冗余（Gregory et al.，2006；Healey et al.，2000），如根据地理元数据标准或者数据文档（DDI）来进行描述，或者基于本体论的元数据方法（Schuurman et al.，2006）。还有研究为了解决历史空间数据在地理信息系统中的限制，利用元数据来记录数据源并进行约束（Guptil et al.，1999；Gregory et al.，2002）。

（3）时空数据模型研究

传统的历史空间数据库一般只有地名、区划的属性资料和矢量化地图的分年段显示，以及与地图、多媒体资料的链接和交互式访问，并没有结合历史信息所特有的属性来进行数据库建设与地理分析。利用地理信息系统的空间组织与管理能力，可以较好地进行历史空间数据的组织与空间模型的建立（王勇毅等，2005）。

时空数据模型是从20世纪80年代末起步的，目前已成为数据库领域中备受关注的前沿方向。Gail Langran（1988）最早提出了在空间数据模型的基础上加入时间维的概念方法，其发表的博士论文以及相关的专著进行了一系列的时空建模研究，在对时空数据模型进行了全面的基础研究工作之后，提出了基态修正数据类型的概念。

①序列快照模型（Sequent Snapshots）

序列快照模型用一系列状态对应地理数据来反映地理现象的时空演化过程，将空间数据对象赋予时间戳。该模型的优点是可以直接在当前的地理信息系统软件中实现，而且数据库总是处于有效状态（Pelekis，2004）。但是这种快照模型仅仅代表地理现象的瞬时状态，而缺乏对现象所包含的对象变化的明确表现，不能描述地理对象在时间上的拓扑关系。在查询跟踪能力方面，由于没有时间维拓扑联系的存在，该模型无法实施按时间联系而确立的查询跟踪规则。此外，由于快照模型是对每一时间快照数据的完整存储，所以数据冗余度极大，同时也没有明确记录具体的变化过程（黄杏元等，2001）。

②基态修正模型（Base State With Amendments）

基态修正模型与序列快照模型的相同点是都需要确定出地理现象的初始状态，在此基础上记录，按规定好的时间间隔扫描区域发生的变化，如果有变化则仅将有变化的内容叠加，得到每次变化后的状态。基态修正模型不仅可以以历史状态作为基态，还可以以当前状态作为基态，根据历史事件的记录，来追溯历史状态。基态修正模型与序列快照模型的不同点在于仅仅储存相对基态而言有变化的部分，而不是整个地理现象，这样就相对节省了储存空间，显著减少庞大时空数据的负担，大大节约计算机的存储空间，但是基态修正模型较难处理给定时刻的时空对象间的空间关系。基态修正模型对于矢量数据的处理有一定的欠缺，效率不高，其更加适合对栅格数据的处理，且基态修正模型适合变化较少、变化频率较小的空间目标（Armenakis，1992）。

③时空复合模型（Space-time Composite）

时空复合模型以一个基图为起点，将整个空间看作一个最大的时空单元，每当时空对象发生改变时，就会产生一个新的单元。时空复合模型的优点在于可以建立空间实体的时间拓扑，对于处理时空数据、不完整的数据和不连续的数据有较好的借鉴意义，其缺点在于随着时间变长，时空目标变化越来越多，产生的新对象也越来越多，若是多边形则表现为多边形的碎化，并且时空复合模型对关系数据库过于依赖。时空地理信息系统数据库表达空间、属性数据的手段相似，因而便于以矢量为基础的地理信息系统软件的实现。序列快照模型和基态修正模型都没有描述变迁、动作、过程的概念，而且空间拓扑难以控制（Yuan，1996）。

④时空立方体模型（Space-time Cube）

时空立方体模型最早是由 Hagerstrand 提出的，即在二维平面空间加入时间维，形成三维时空。平面上的地物随着时间维延伸。将该三维时空划分为一个个立方体，每一地物将存在于一个立方体内。但该立方体如何给出，地物如何表达有待研究，所以该模型只在概念上存在。时空立方体模型每一个给定的时间点，都可以在时空立方体上获得相应的时间截面。但是随着时间轴的延长，时空立方体急剧增大，数据量也随之增大，当增大到一定程度时，对于时空立方体的处理变得无法进行，这也是时空立方体模型基本只停留在理论研究而很少有实际应用的原因之一。对于时空立方体模型，同样有学者对其进行了改进和升级，改进后的模型有串行时空立方体模型、划分串行时空立方体模型、索引时空立方体模型等（Thakur et al.，2010）。

⑤面向对象的时空数据模型（OOTDM）

面向对象的时空数据模型是从程序设计、工程开发中面向对象的思想而来的。面向对象的时空数据模型将复杂的时空目标以更自然的方式进行对象化，时空目标被抽象为对象，每个对象都封装了各自的时空信息、属性信息以及相关的行为操作。面向对象的时空模型既可以用面向对象的时空数据库，也可以用关系数据库。国外学者进行了大量关于面向对象的数据模型的研究，比较著名的有 Worboy 提出的对象时空模型

(Thakur，1994)，该模型是基于三维时空特征的。许多学者都提出了各自的面向对象的时空数据模型，虽然面向对象的时空数据模型是对时空目标有效的建模方式，但是目前该模型仍然存在着许多问题（Mokbel，2005）。

⑥基于事件的时空数据模型（ESTDM）

基于事件的时空数据模型把每次对空间数据的更新作为一次事件，记录事件发生的时间和事件所做的更新，即记录事件所做的改变。基于事件方法中比较著名的模型是 Peuquet & Duan 于 1995 年提出的基于事件的栅格数据模型（ESTDM）。事件是对象从一个状态变化到另一个状态的原因，地理现象发生变化的时刻即为事件，其中时间作为事件的属性形式而存在，每一个事件当中包含发生变化的对象、发生变化的时间和对变化的语义描述。在开始的时刻要储存初始状态，其他时刻则储存有变化的部分（姜晓轶、周云轩，2006）。

针对历史信息的非精确性，需要应用元数据来加以约束，采用"面向对象"来进行存储的 Geodatabase（地理空间数据库）可以利用现有的数据库管理方式来克服历史信息的诸多局限：Geodatabase 可以实现在同一数据库中，统一管理各种类型的空间数据；利用要素、要素类、属性、属性间的关联以及要素间的关联来进行历史信息的分类存储；利用 Geodatabase 拥有地理空间要素的域、行为和规则，可以约束历史数据的有效范围，从而减少历史数据的模糊性与不确定性；Geodatabase 可以通过拓扑关联等表达空间数据之间的相互关系，从而定义和增强历史数据间的空间关系；并且 ArcSDE 可以充分把 GIS 和 DBMS 集成起来，支持空间数据的长事务管理和多用户并发操作，可以利用版本化来管理，解决历史沿革过程中各种复杂的情形，从而创建适合的历史数据表达（孟令奎等，2003）。

（4）历史时空数据库构建研究

时间和空间是分析历史地理的两个基本维度，要研究在一定地域上随时间变化的社会发展状态，要将时间和空间两者相结合，不仅要复原以往各种现象，而且要探寻它们形成发展的原因和规律（Wang et al.，2006）。历史资料具有缺失性、断代性、模糊性等特点，基于对历史数

据的分析，利用GIS技术完成历史数据库的时空组织，实现历史资料的
时空数字化（Gutmann，2002），能够提高历史资料的利用水平，将有
关文献的资料和地理空间信息相结合，通过对历史相关数据的分析，将
不同历史时期的图形和文字性描述等不同类型数据进行组织，从而解决
因历史数据时效性而无法利用现代空间分析方法的不足，为发现时空分
布规律与分布特征提供技术支持（Kurt，2008）。

历史地理信息系统（Historical Geographic Information System，历史
GIS）的出现，使在一定地理背景下进行较长时间历史片段的整体研究
成为可能。历史GIS充分结合了历史学、地理学、历史地理学和地理
信息系统等学科的相关知识和技术。作为研究时间和空间两个维度变
化的一种技术工具，历史GIS把地理的感官带入历史视角，并且拥有
空间分析的功能，通过多元空间交互分析和模型分析，可以克服历史
地理和文化地理研究单一性、共时性的传统不足，将定量与定性研究
连接起来，发现新的特征与规律，形成历史、文化地理研究的新思维方
式（Kurt，2008）。

当前许多研究都利用了历史GIS的数据库功能，应用GIS拥有的空
间分析功能进行分析（苏海洋，2006）。例如，探讨历史地理数据的
GIS应用处理（王均等，2003），历史时期县级政区数据库的设计与
应用（王均等，2007），并建立两汉时期人口数据库（王均等，
2001）；建立明清时期山西省人口耕地数据库（初建朋等，2004）；基
于GIS建立有关古村落保护规划的管理信息系统（胡明星等，2003）；
建立以超媒体电子地图为界面的网络历史地理信息系统（陈刚，
2004）；建立关于华夏家谱GIS的数据组织与系统架构（温永宁等，
2010）；构建历史环境变化数据库的建设方案并设计数据库的主要功能
（徐榕焓等，2012）。

早在 1997 年，电子文化地图研究（Electronic Cultural Atlas
Initiative，ECAI）就将GIS的数据格式作为空间数据的标准格式，对所
收集到的历史资料进行地理配准。悉尼大学的时间地图（Time Map）是
在此基础上建立的，从而基于时间变化来进行分析研究，结合当地历史
时期的文艺作品，通过网络搜索和获取资源的交互式制图系统，并应用

GIS 来记录、索引、分析和传递带有时空组件的人文数据（Lancaster et al.，2002）。

英国历史地理信息系统（Great Britain Historical Geographical Information System，GBHGIS）综合展示了行政边界的时间变化（林晖等，2006），每个边界线都有一个开始日期和一个截止日期，可以反映给定时期的行政界限，并与统计数据相连接，提供基于时空定位数据的时空变化框架。该历史地理信息系统包括自 19 世纪早期到现今英国地区行政边界的变化，同时结合了众多具有时空属性的统计资料，应用统计方法得到其边界有关信息（李凡等，2009；Gregory，2000）。Gregory 等（2002）不仅提供了绘制不同主题地图的功能，而且将众多的历史有关数据进行综合，提供了分析长时间序列数据的分析研究方法，对于分析历史时期英国地区有关社会、经济以及人口变化具有推动性作用。

美国国家历史地理信息系统（National Historical Geographic Information System，NHGIS）展示了从 1790 年到现今美国的人口数据和边界数据，是通过网络发布的历史地理信息系统。该历史 GIS 能够利用高精度的电子边界来反映人口地理的空间变化，同时人口数据、相关资料和边界数据能通过网络数据进行访问，并且以地图系统的方式进行发布（李凡，2008；Gregory et al.，2005）。

中国历史地理信息系统（China Historical Geographic Information System，CHGIS）是由 ECAI 机构、复旦大学的历史地理研究中心、美国哈佛大学的东亚系、哈佛大学的燕京学社、澳大利亚格林菲斯大学的亚洲空间数据中心机构，在 2001 年开始合作的项目（李凡等，2009）。它不仅拥有电子的历史地图，可以输出多种基础地图和专题地图，还能够进行历史地名查询，包括历史地名、历史地名的隶属关系、历史地名定位和一定时间的文献依据和考释（Berman，2005）。同时，其为大众提供了 GIS 基础数据平台、时间统计以及查询工具和模型，包括清代驿站交通数据库、清代地理资料信息数据库、先秦政区地名数据库、近世浙江籍进士数据库、旧海关税图等（Bol et al.，2005；Berman，2005；郑春燕，2009）。

中国历史文化地图系统（Chinese Civilization In Time and Space，

CCTS）是基于各种历史地图和文献资料数据库，与时空属性相结合而成的中国历史文化平台，动态展示了历代疆域、聚落、黄河、古都等的变化。该系统由基本空间数据、WebGIS 整合应用环境以及主题化的属性数据三大部分组成。其中，基本空间数据以《中国历史地图集》为基础，以 20 世纪 90 年代的中国地图为现代底图，结合多种历史地图、遥测影像等资料（李凡，2008）。通过整合该研究院的汉籍电子文献系统、清代粮价资料库、明清地方志联合目录数据库等研究成果，其成为中国历史文化时空基础平台，从而具有精确空间定位、整合时间与空间属性的功能（唐惠燕，2014）。

松江地区历史地理信息系统（MingSongJiang GIS，MSJGIS）描述 1550—1644 年的地理信息。该数据库基于 WebGIS 平台，采用精细底图先定点后画线的方法，将当时松江地区 4 个县的行政区划、地貌、人口、交通路线，以及寺庙、学校和赋役等地理信息建为多个数据图层，使用者可直接以地图浏览界面取用图层，进行分析、计算、绘制或展示等工作（唐惠燕，2014）。

中国台湾历史文化地图系统（Taiwan History and Culture in Time and Space，THCTS）以历史时期的基本图为基础，将现代的地形图作为底图，同时结合了各类历史地图、遥测影像等基础图形资料。此外，中国台湾历史文化地图系统还整合了汉籍电子文献系统、台湾统计资料库、台湾地方志目录资料库等研究成果，成为具有精确空间定位、整合时间与空间属性的中国台湾历史文化时空基础平台（唐惠燕，2014）。

除此之外，欧洲的一些国家也都相继建立了自己的国家历史地理信息系统，如比利时（Vanhaute，2015）、爱尔兰（Ell，2005）、荷兰（Schreven et al.，2005）、德国（Kunz et al.，2005）等。

（5）历史地理空间分析研究

通过建立基于 GIS 的历史地理信息库，可以进行相应的时空分析。学者们运用 GIS 的各种统计方式，研究江南区域的社会经济史（王卫平等，2004），对苏南地区从明清到 1980 年出现的市镇进行分类分级制图列表，从而发现明清江南市镇发展中一些隐含的性质（李凡，2008；范毅军，2002）。还有学者通过历史人口密度插值的方法，对历史时期人口数据进行插值，得到历代人口密度分布图（王志伟，2010；周小平，2011）。此外，何郑莹等（2004）采用数字地形模型技术，分析了长汀"客家首府"地位形成与地理环境的关系；李凡等（2009）从祠堂视角看明至民国初期佛山宗族文化景观的流变和社会文化空间分异；朱庆（2006）分析了GIS三维可视化在数字文化遗产中的应用；曾早早等（2011）以吉林省的地名志资料，构建聚落地名数据库，复原了近300年来聚落格局的变化过程；吕妍等（2010）利用历史地理数据，分析了吉林省的土地利用与土地覆被变化。

当前还有学者利用GIS和历史资料重建历史时期地理数据。葛全胜等（2003）基于清代地方总志和调查统计数据，重建了1661年以来中国传统农区内的耕地面积。林珊珊等（2008）将《嘉庆重修一统志》《清史稿》《清代地理沿革表》作为数据资料，估算了1820年中国地区18个省的城镇用地。叶瑜等（2009）分别以方志、个人日记、年鉴、林业史、历史文献、专题图等为资料，并以《盛京通志》《八旗通志初集》《清代东北史》《吉林外纪》等文献资料为基础，重建了东北地区过去300年间土地覆被等的变化情况。李为等（2005）利用《钦定盛京通志》《盛京通志》等历史文献，对清代东北地区土地开发过程及耕地规模进行分析。张丽娟等（2014）将重建结果与《黑龙江开发史》《黑龙江移民概要》进行人均耕地规模和移民垦殖方向对比，并从县域尺度定量分析了重建结果与叶瑜等（2009）研究成果的区别。

同时，随着时代的变迁，我国少数民族人口也发生了一定的迁移，形成了不同时期少数民族及其文化的分布特征。基于六期的全国人口普查分县数据，高向东和王新贤（2018）研究了少数民族人口的分布变动情况，发现民族分布情况与民族迁移有关，地名能够体现民族及其文化。王法辉等（2014）分析了云南地区的多民族地名的空间分布情况与地理因素的影响，发现多民族地名分布与历史变更有关。李勇植（2014）通过分析吉林省延边地区的地名，研究该地区近代朝鲜族和汉族的民族流动形态，并分析了长期交流和影响下多元文化共存情况，及其对各民族生产、生活的影响。

历史上东北地区同样发生过人口迁移，不仅带动了东北地区城市的发展（杜有、孙春日，2019），也导致东北地区几百年来生态环境发生了剧烈变化，各族人民的生活生产环境也发生了变化（Ye，Fang，2009）。目前已有研究基于地名反映东北地区历史时期的环境特征。曾早早等（2011）利用吉林省地名的命名特点研究近三百年聚落与农耕方式的格局演变；张学珍等（2011）利用历史文献当中的地名，反映17世纪后期东北地区的自然植被格局；吕研等（2010）利用地名志重现了东北地区历史时期土地利用的变化。

由于地名文化景观的空间分布受到环境因素的影响，利用地理信息系统技术，不仅可以对地名进行有效组织（满志敏，2003），还可以通过地名研究来分析当地历史文化等相关人文信息，通过统计分析模型对整个地区的地名分布进行分析，从而分析各民族人口分布的空间特征（Paik et al.，2013）。对地名文化景观进行时空分析研究，能够进一步分析地名文化景观的影响因素，从而更好地保护中国传统文化。

1.2.4 语言学相关研究

联合国教科文组织（UNESCO）公布的《全球濒危语言地图》列出了大约2 500种语言，其中230种语言已经在1950年消亡。该濒危语言地图按照濒危程度将濒危语言分为五种等级，分别是已灭绝（Extinct）、极度濒危（Critically Endangered）、严重濒危（Severely Endangered）、明显濒危（Definitely Endangered）、有危险（Vulnerable）。东北地区的民族语言具有一定的相似性，如满语、锡伯语、鄂温克语、鄂伦春语、蒙古语、赫哲语、达斡尔语都属于阿尔泰语系。其中，满语、锡伯语、鄂温克语、鄂伦春语、赫哲语都属于通古斯语族（程妮娜，2001）。中国东北地区的满语、赫哲语、鄂温克语和达斡尔语处于极度濒危状态，其他通古斯语言也有不同程度的濒危情况。

现今语言学家们对濒危语言主要进行收集、记录、保存等工作（Whaley，2011），根据各自的条件整理归纳语言资料，研究语言系统，编辑成纸质书籍或者编纂词典，使几乎都没有文字资料的濒危语言可以通过文献的形式保存部分资料并用于研究（徐佳，2010）。随着科技的发展，记录保存语言资料的方法同样得到改善（范俊军，2016）。目前，人们已经可以利用数字录音和录像等电子文档的方式来保存，使得即将消失的语言，以及有关社会人文资料可以被更加直观形象地记录和保存（Woonho et al.，2012），还可以通过网站进行发布，从而更加生动地再现这些珍贵的人类文化遗产。

生态语言学（Ecolinguistics），即运用生态学原理，把语言作为生态系统的一部分，研究语言与其外部环境及自身环境之间的交互作用关系（徐佳，2010），从而分析语言生存与发展的生态环境，进而分析影响语言的因素（Haugen，1972），将语言学研究与环境的相互关系作为新的研究方向。任何特定语言与其所在环境之间的交互作用关系，可以类比为特定动植物物种与其生存环境之间的生态关系（Fill，2001）。语言所在环境为使用语言的社会以及比社会更广泛的周围世界的环境，并且把语言本身作为环境的一部分（范俊军，2005）。Jacques 等（2012）从生物学的角度分析语言在环境发展方面发挥的作用和影响，深入探讨语言和环境之间的交互作用关系（Lee，2013），发现语言形式的选择在很大程度上受环境的制约（Burenhult et al.，2008）。

生态语言学认为语言具有生态性，从而引发了从生态多样性到文化多样性以及语言多样性的角度来分析语言问题（Maffi，2005）。语言多样性，以及更广泛的文化多样性与生物多样性有不可分割的联系（Burenhult，2008），并且能够从生态环境的角度分析它们之间的相互关系（Candice，2013）。生物多样性程度高的地区，语言多样性程度也高，二者存在一定的地理相关性（Axelsen，2014）。而生物多样性的减少，同样也会带来语言多样性的减少（Harmon，1996）。生物文化多样性（Biocultural Diversity）的提出，对于研究生态环境与文化多样性之间的关系提供了思路和方法（Loh，2005）。将语言与其环境之间生态关系体现出来（Pieroni，2001），作为研究语言转向（Language Shift）的研究方法，为研究濒危语言提供了新的思路（孙宏开等，2006）。

1.2.5 研究综述

地名蕴含着丰富的信息，地理空间环境作为当时历史背景的承载体，所处的自然人文环境影响了人口聚集数量以及空间分布，同时随着人类社会的演化发展，人类活动也同样引发了当地的文化交流和社会变革，地名作为"指向过去的路标"，社会的方方面面都会体现在当时的地名中。地名与其居民所处的生存环境以及文化、语言、生活习惯等密切相关，所以自然、人文等因素都会体现在当时的地名中。地名蕴含的多种信息，不仅可以反映当地传统文化，而且能够反映历史时期的当地文化。东北地区的地名研究，主要探讨了地名的形成、含义和语源的考释，缺乏对于各地名由来的空间以及属性信息的分析。GIS对于历史以及地理资料能够进行有效的空间存储以及分析，并对时间和空间两个维度进行交互分析，为历史地理研究提供了新的研究方法。

因地名总是处在不断变化之中，不同时期建立的地名数据库现势性不同，它们的属性名称也就不会相同，如何科学有效地数字化地名便成为迫在眉睫的任务。而且完成行政区域界线的勘界工作后，研究者获得了大量的准确反映实际边界走向的文件、资料、图片和地形图等勘界成果资料，加上各种比例尺的数字栅格地图（DRG），管理如此庞大的资料数据极不方便，浏览检索信息的工作量也相当大。为了实现勘界成果的数字化管理，提高界线管理工作的水平和效率，分析研究东北地区地名空间分布特征显得至关重要。

传统的地名数据库一般只有地名和区划的属性资料，没有矢量化地图，更无法实现地名勘界等属性资料与地图、多媒体资料的链接和交互式访问。并且随着全球化进程的加快，对于地名变化和行政区划勘界的标准化进程也要向国际化推进，这就需要收集整理其历史资料，利用现有的GIS技术，结合现有的地名资源，来进一步完善地名。

而在东北地名相关资料记载中，记录方式一般为文字，很少用符合标准的地图进行表示，有些资料仅仅是以手绘地图的方式，从大体上直观展示，并没有精确地将历史数据与准确的地理位置相匹配。所以GIS应用于历史相关领域的困难之一，就是历史上的空间信息很难确定，因为历史上遗留下来的统计资料多是按照当时行政区划得到，并按照其行政区进行组织，带有明显的行政区划信息；所有与行政区相关的统计数据都会受行政区域大小的影响，统计数据空间差异的形成与背后的制度原因有关，也与行政区域的范围和边界也有关。

而且 GIS 的发展关键在于时空数据模型的发展，目前学者从不同的角度建立了适于不同应用的时空数据模型，但均有不同程度的不足。时空数据模型存在自身的一些缺点，许多问题都还没有解决，要更好地对东北地名的时空建模，需要结合时空模型所拥有的优点，对其进行相应的改进，才能满足历史时空数据库的要求。历史 GIS 具有良好的时空数据模型，可以应用时空数据库，重建东北聚落的时空演变，不仅可以让历史时空数据更加有效地存储和显示，而且可以运用现代的时空分析方法，来分析东北地名分布特征情况，地名文化景观分布变化情况以及地理因子对于地名空间分布的影响。

1.3 研究思路及内容

1.3.1 研究思路

通过文献梳理，我国东北地区地名研究具有以民族语言命名的特点（刘扬，2019），而在东北地区历史过程中同样发生了人口迁移，传统的文化与分布格局发生了变化，同时自然环境的变化也影响着地名文化景观的分布情况，但已有研究未对我国东北地区地名与影响因素分布情况做出有力回应。本书基于地名数据，利用 GIS 空间分析方法，着重探究上述问题。此外，目前研究多以某具体地名进行分析，缺少从宏观角度研究整个东北地区不同由来地名及影响因素的空间分布特征。同时，人口普查等数据以县级作为统计单元，以县级尺度来分析地名与影响因素分布关系的研究较为薄弱。本书基于东北地区各语言来由地名的命名及分布特征，进一步对地名和影响因素的空间分布特征及关系进行分析。本书对研究我国东北地区地名分布与相关影响因素分布关系大有裨益，可以丰富我国地名研究，也为研究历史时期的聚落分布提供了新的视角。

本书将东北地区地名作为研究东北地区历史和文化的珍贵文化遗产，基于东北地区不同由来地名，利用 GIS 的空间分析方法，反映东北地区地名的时空分布特征，同时分析地名文化景观的空间分布受到何种因素的影响，探讨历史背景中地名文化景观与环境之间的关系，从而揭示生态地理环境对东北地区地名文化的深刻影响，解释东北地区多元文化相互融合与演变过程，探讨地名文化景观的发展与东北地区历史沿革的交互作用，进一步探讨地名文化景观分布的原因。

1.3.2 研究内容

（1）历史时期地名分布特征

中国东北地区拥有大量的文献记载和资料，本书利用整理好的东北地区地名及相关历史数据，基于不同由来地名的空间位置，分析东北地区各历史时期地名的空间分布特征；探讨地名所反映的历史时期各类文化景观分布格局，并结合相关历史空间数据分析其分布特征，分析不同语源地名的命名特征，探讨影响地名分布的空间环境因素。

（2）地名文化景观空间分布特征

本书利用 GIS 空间分析方法，分析了整个东北地区地名文化景观分布格局，以及对应人口的空间分布格局，分析了东北地区各由来地名与人口的空间分布相关性，建立空间回归模型，并结合生态景观多样性，分析了地名文化多样性与生态多样性的空间分布关系。

（3）地名文化景观与生产方式的相关性

本书分析了与地名文化景观有关的生产方式因素，探讨分析了不同生产方式对于不同由来地名分布的影响，并分析其相关关系。生产方式体现在植被和交通因素的空间分布格局，本书分析了植被因素和交通因素的空间分布特征，及其对不同类型地名文化景观产生的影响。

（4）影响因素空间分异特征研究

本书利用地理探测器分析影响东北地区地名文化景观空间分异的驱动力大小，以及影响因子之间的交互作用对于地名文化景观空间分异特征的影响。同时，由于分析尺度与可塑面积单元的划分方法相关，本书应用不同离散方法进行尺度和划区效应分析，从人文要素和自然要素两个方面分析影响因子对于地名文化景观空间分布的影响，以及在历史演变过程中，地名文化景观分布的生态地理环境。

1.4 数据来源

1.4.1 地名数据

东北地区在不同历史阶段的演变中，时间和空间跨度均较大（潘玉军等，2014）。本书依照现今数据进行分析，故将研究区域的空间范围确定为当前的我国东北地区，对比现今地名进行数据组织以及空间化，并按现今的东北地区界限建立地名由来数据库，将各居民点的建立时间、名称的由来与演变的过程，地名的由来以及含义进行有效组织，实现东北地区地名的时空数据在GIS中的存储管理以及可视化。

本书通过对《中华人民共和国地名大词典》（崔乃夫，2002）、《东北地名语源考》（杨锡春，1998）、《黑龙江省满语地名》（杨锡春等，2008）、《中国地名由来词典》（牛汝辰，1999）等书籍的相关历史时空数据的整理与分析，对比现今东北地区的地名进行数据组织以及空间化，建立地名数据库，包括每个地名的沿革数据、各县市的建立时间、名称的由来与演变的过程，并注明地名的来历以及含义。

在参考资料中，对于东北地区县市级别的地名命名的由来具有较详细的说明，但是对于乡镇级别的地名，只对其是否来自民族语言有一定说明，具体由来与含义并不十分明确。东北地区由于其特殊的时代背景，村屯的建立基本都是在清末之后，所以此时的地名命名并没有着重反映当地文化，而目前对于村级别的地名研究绝大部分是通过地名通名（Generic Term of Geographical Names）来进行的（Derungs et al.，2013）。基于东北地区地名的特性，研究发现地名多是根据少数民族语言的音译或意译而来，并不能从字面完全判断出其由来，且1820年的《中国历史地图集》也是侧重乡镇级别。基于研究的一致性，本书对于未完整收集的村级地名数据并未深入研究。

按照现今的地名来追溯其语言来源，其中利用民族语言通过音译或意译而来的地名，本书把它们作为民族语源地名，并排除林场、矿区、农场等地名，原因是这些地名多是在清朝末期汉族移民之后才形成的，参考当地语言来命名的较少（Coates，2006）。满族聚居区的地名很少来源于满语，主要是因为这里在历史上主要是汉族生活之地，在清朝末期由于历史迁移才作为主要的满族聚居区。因此，本书将满语地名分为来源于满语的地名（Manchu Language，ML）和满族聚居区的地名（Manchu Autonomous Regions，MAR），将收集来的我国东北地区各个民族语言地名按照现今的行政级别进行统计，得到表1-1所示地名个数。将满语地名分为两类，其中来源于满语的地名可以体现满族历史的分布情况，而满族聚居区的地名则体现了现今东北地区满族人口分布主要区域（Zhu等，2018）。

表1-1　　我国东北地区各级行政单元语源地名数目（个）

语源	省	市	县	乡镇	总数
汉语	2	13	164	2 403	2 582
满语	1	15	68	208	292
ML	1	15	61	85	162
MAR	0	0	7	123	130
蒙古语	0	7	31	214	252
朝鲜语	0	0	1	32	33
达斡尔语	0	0	5	17	22
鄂温克语	0	1	2	14	17
鄂伦春语	0	0	3	11	14
锡伯语	0	0	0	6	6
赫哲语	0	1	0	3	4
共计*	3	37	274	2 908	3 222

*共计中不包含MAR和ML个数。

地名主要是通过地名来源词典以及满语资料和地名志来分析。在这些资料中，地名都是以汉语记载的，而不是用其本民族语言来记录，因为很多民族语言缺少文字。因此，来自民族语言的地名被转为汉语，部分是音译，部分是意译。由于有多种不同的翻译版本，本书利用已经音译或者意译之后的阿尔泰语地名来分析，而不是利用通名或是专名来分析。此前研究对东北地区省、市、县、乡镇级的地名都较详尽地分析了其由来，但是对于村级地名的分析很少，尽管村级地名个数远远多于其他级别地名个数，如吉林省的村级地名个数为 36 883，因此村级地名并没有列入本书的分析中。

对地名数据进行搜集整理之后，将地名的空间位置进行可视化，结合东北地区的地形，发现地名主要是分布在东北平原地区，集中在辽河平原和松嫩平原。将东北地区的地名相互叠加，发现并不能清楚观测出地名的分布情况。其中，锡伯族、赫哲族的地名数目过少，无法进行空间分析，朝鲜族的地名较少来源于朝鲜语，所以本书不考虑这三种由来地名，主要分析东北地区阿尔泰语系由来的地名。

1.4.2 环境数据

通过文献综述可知，地名与当地的生态环境分布有关，本书选用有关的环境数据来分析影响地名文化景观的空间因素。本书中的土壤类型空间分布数据，来自全国土壤普查办公室 1995 年编制并出版的《1∶100 万中华人民共和国土壤图》，该图采用了传统的"土壤发生分类"系统，共分出十二土纲，数字化生成矢量数据。选用的 DEM 数据来源于美国奋进号航天飞机的雷达地形测绘 SRTM（Shuttle Radar Topography Mission）90 米数据，生成坡向和坡度这两个地形影响因素。地貌类型的空间分布数据则是基于《中华人民共和国地貌图集（1∶100万）》矢量化得到。以上数据均来自中国科学院资源环境科学与数据中心（http://www.resdc.cn）。

植被类型数据选用《1∶1 000 000 中国植被图集》，包含 55 种植被型，11 种植被型组，3 种植被大类，833 个群系和亚群系（包括自然植被和栽培植被）以及 2 000 多个群落优势种、主要农作物和经济植物的地理分布，体现了不同植被单位的分布状况、水平地带性和垂直地带性分布规律，数据来自中国西部环境与生态科学数据中心。

植被功能型（PFT）数据来自寒区旱区科学数据中心，是依据植物的生态系统功能及其资源利用方式组合形成的，每一种植被功能型都具备相似的植物属性，将植物种的多样性转换为植物功能以及结构的多样性。本书所利用的中国生态地理分区数据，是基于温度和干湿状况划分的，来自《中国生态地理分区》（郑度，2008）。本书中的东北地区的公路、河流、铁路数据来自中国 1：400 万数据（http：//www.ngcc.cn/）。

本书涉及的历史数据，来自中国历史地理信息系统（CHGIS）（https：//sites.fas.harvard.edu/~chgis/），通过下载得到 1820 年我国东北地区的相关地理数据（谭其骧，1991）。该历史地理信息系统的数据基于《中国历史地图集》并数字化，而柳条边数据作为划分东北的重要数据（https：//sites.fas.harvard.edu/~chgis/），同样是根据《中国历史地图集》（谭其骧，1988）历史时期的各个边门的数据进行矢量化得出的（李喜林，1999；关亚新，2010）。

历史人口数据来自荷兰公众健康与环境研究所（National Institute for Public Health and the Environment RIVM）建立的"全球历史环境数据集"（Historical Database of the Global Environment，HYDE）（Klein Goldewijk，2015）。现今的民族人口数据来自《中国 2010 年人口普查分民族人口资料》（国家统计局人口和就业统计司和国家民族事务委员会经济发展司，2013）。

1.4.3　地名数据库建设

（1）地名数据资料的整理与标准化

有关地名沿革的数据资料包括行政区划地名、行政区划勘界、行政区划专题地图、行政区划历史档案和行政区划文本等数据（廖湖声、郑玉明，2002）。为了系统有效地组织好这些数据，本书采用由近及远的方法，基于行政区划所在空间位置，从时间上向前追溯，对这些资料与档案进行标准化处理，制定分类编码体系和标准，为设计规范合理的数据库，将纸质归档的资料整理入库，奠定完备的基础资料。

（2）地名数据库设计

地名沿革包括地名和勘界等内容在空间上的分布和时间上的变动。通过时空数据模型，实现多源、多尺度数据的统一。该数据库主要包括行政区划地名数据库、行政区划勘界数据库、专题地图数据库、历史档案数据库、政务文本数据库。本文通过面向对象的数据库技术，以历史变化的时间为坐标轴，将上述各项子库有机地组织起来，形成具有"灵性"的数据库，在保持本数据库的独特性的同时，兼顾与现有地名数据库和行政区划勘界现状管理系统的有效衔接和统一。

（3）地名数据库的建立

基于数据库的结构设计，按照数据分类标准，将行政区划沿革的数据资料信息录入计算机，从图形和属性两个方面，将上述信息系统地组织到各子数据库系统当中，并且可以根据地名和勘界来源显示的需要，将相关历史档案、历史地图和各种文献资料，甚至一些视频和照片等数据录入其中（王均等，2013）。采用地理信息系统平台实现地名沿革成果资料的整合管理，为实现各类地名沿革的档案成果、图形及文件资料等信息的检索与查询、叠加和统计、浏览、复制与制图输出等功能提供基础（王均等，2007）。

（4）地名沿革可视化

从历史地理和文化地理角度，利用GIS技术，将地名时态特征通过多种组织方式，建立多个时间片段的地名时间序列专题地图和与地图相关的文字信息，实现可以根据时间变更节点的可视化展示，提供地名沿革的动态查询和显示，为分析地名历史演变过程和管理提供决策支持。

地名数据库涉及不同行政等级的界线、地名等空间数据，各种比例尺图幅索引、成果资料（包括图形数据、文档）等。为了有效组织和高效管理行政区划沿革数据库系统中大量复杂的数据，系统采用ESRI公司的GeoDatabase面向对象空间数据库模型。

1.4.4　地名数据库系统功能

地名数据库系统主要实现对地名所在行政区域、地名空间数据的查询检索、录入更新，历史界线和历史地名信息的查询，属性信息的显示和查询，对专题信息进行制图和报表输出。具体来说，地名数据库系统的主要功能为：

（1）信息录入

将原有已归档的地名资料根据分类编码标准批量录入数据库中，并定位于矢量图上；输入新的数据，对已有的数据库进行扩充。

（2）查询检索与定位功能

全名检索，根据地名名称进行查询；地图点击查询，在电子地图上点击地名进行信息查询；行政区域界线等空间数据的查询检索，历史地名信息查询，属性信息的查询与显示。

（3）统计分析

按照地名的类型进行统计，根据地名登记、变更、注销等状况阶段性汇总某个时间段内地名业务处理情况；按地域统计，统计指定的某个地区内各类行政区划的资料。

（4）地名处理

地名登记，新增地名的登记；勘界变更，现有勘界的改动；地名注销等功能的管理。

（5）电子地图管理功能

辅助界线管理是基于专题境界数据以及地理底图数据提供行政区划界线画笔工具等功能，能简单对界线进行粗略规划。

（6）输出功能

查询检索结果打印输出；统计汇总资料打印输出；沿革信息输出；电子地图输出；提供专题图片输出（如单幅境界图、行政区域图输出），打印输出，生成勘界资料文档，专题信息报表（如行政区域面积表等）。

（7）数据维护功能

数据备份，数据维护；更新已有的数据库，对信息有变化的地名数据进行修改、更新。

（8）系统维护功能

控制、分配用户的操作权限。系统采用分级权限设置，以管理员身份或普通用户登录系统。

通过地名数据库的建设，对反映不同历史时期地名、行政区域界线及其变化的图形和文字性描述等不同类型的数据，利用地理信息系统（GIS）技术实现数字化管理，并与现有的行政区划现状数据库和国家地名数据库相连接，将地名历史沿革和现状数据库系统有机结合，实现自建制以来的地名演变的数字重现。

1.5 研究区域

1.5.1 研究区域概况

中国东北地区，位于中华人民共和国的东北部，是东北亚区域的中心地带，包括辽宁省、吉林省、黑龙江省以及内蒙古的三市一盟地区（呼伦贝尔市、兴安盟、通辽市和赤峰市）。北部以黑龙江、额尔古纳河以及乌苏里江作为边界河流，与俄罗斯隔江而望；南部与朝鲜相邻，以鸭绿江和图们江为界；西部与蒙古国以额尔古纳河为界。所在地理位置与三国相邻，也促进了东北地区多元文化的形成。

东北地区的地形：西北部为大兴安岭，为山地，呈南-北走向；东北部为小兴安岭地区，呈现西北-东南走向；东部为长白山脉，为东北-西南走向。三山环抱着东北平原地区。由北至南，分别是三江平原、松嫩平原、辽河平原，统称为东北平原，一直到辽河入海口，南临渤海。地势外高内低，易于人口的内外迁徙和流动。而东北地区河流遍布，其中黑龙江、松花江和嫩江是东北地区传统文化的发祥地，是研究东北地区地名文化景观的重要地理要素。

自1860年（咸丰十年）东北部分地区开禁放垦，特别是1904年（光绪三十年）全面开禁后，清政府广招汉民，出关开垦，山东、直隶移民更是达到高潮（姜维公，2014）。中华民国时期，东北地区始终是中国最大的移民迁入区。东北原有的聚落，规模迅速扩大，同时大批新的聚落纷纷兴起。这些聚落不是建立在军事驻防的基础上，而是在招民垦荒、移民实边以及铁路、港口兴建的过程中陆续发展起来的。

近代东北移民带来了东北地区聚落的发展，但是在研究东北地名演

变的时空问题时，不能简单地认为东北地区就是现今的东北三省，因为
不同历史阶段东北疆域变化较大，同时历史上有关东北地区聚落的研究
多以"东北地区"为一个整体进行分析，所以要完整反映出东北聚落的
历史演化过程，就要体现在不同阶段疆域管辖、机构设置等情况，以及
所涉及的地理区域相应的变化，这就需要运用历史 GIS 对这个历史片段
进行时空重建。

1.5.2 地名沿革

地名作为行政区划的载体，所表达的政区对象具有隐藏着的空间属
性。例如，吉林省是指一个名称为吉林的省级政区，结合空间概念会联
想到这个省在我国的具体位置和范围大小。地名可以证明地区的归属，
我国地域辽阔，省份众多，地区的归属问题往往成为矛盾的焦点，通过
地名语源的考证和历史起源的分析，通常能够提供一定的证据。行政区
划信息包括行政区划的地名、勘界及其变动等基本信息。区域界线资料
可用来准确、全面、系统地反映行政区域界线勘定的结果，作为行政区
划管理和地名管理的基础。地名数据作为载体主要是对行政区划管理和
界线管理运用到的地名进行标准化管理。

东北地区的行政区划在清代变化较大。1907 年（光绪三十三年），
清政府在东北设奉天、吉林、黑龙江三个行省，实行省、道、县三级管
理制，分设省道。自此，东北地区便被称为东三省。中华民国建立后，
1929 年东北政务委员会成立，废道制，县归省直接管辖，除辽宁、吉
林、黑龙江三省外，将热河省（今内蒙古自治区、河北省、辽宁省等
地）划归东北政务委员会统辖，东北遂成省县。

下面以吉林省为例综述地名沿革特点。1907 年清政府发布政令，
宣布改革东北地区管理体制和地方官制，吉林正式建省，设西路兵备道
（西南路分巡兵备道）、珲春兵备道（东南路分巡兵备道）、依兰兵备道
（东北路分巡兵备道）和哈尔滨关道（西北路分巡兵备道），在吉林全省
设立了四个道。在道之下，全省设有吉林、长春、新城、双城、宾州、
五常、延吉、宁安、依兰、临江、密山 11 府。

1913 年，北洋政府公布了《划一现行各省地方行政官厅组织令》，

确立了省、道、县三级地方行政区划体制。吉林省沿袭了晚清时期在东北设置的四个道，并做出进一步调整：西南路区域东至舒兰县（今舒兰市），西至长岭县，南至濛江属境，北至农安县，领吉林、长春、伊通、濛江、农安、长岭、舒兰、桦甸、磐石、双阳、德惠11个县。西北路区域东至长寿县属境，西至新城县属境，南至榆树县属境，北至濛江属境，领新城、双城、宾县、五常、榆树、滨江、长寿、阿城8个县。东南路区域东至东宁县（今东宁市），西至额穆县，南至和龙县（今和龙市），北至宁安县（今宁安市），领宁安、延吉、珲春、东宁、敦化、额穆、汪清、和龙8个县。东北路区域东至虎林县（今虎林市），西至方正县，南至穆棱县，北至绥远县（今抚远县），领依兰、绥远、方正、穆棱、桦川、临江、富锦、密山、饶河、虎林10个县。

1914年，北洋政府发布了《改定各省重复县名及存废理由清单》，确定了更定同名县的原则。据此，新城县改名为扶余县，原因是与直隶、山东等5省县名重复。县境原为扶余地，因而得名。同时更改县名的还有临江县，因为与奉天省临江县同名，故改为同江县。

中华人民共和国成立至今，吉林省的行政区划几经调整。中华人民共和国成立初期，吉林省辖2个市、2个专区、1个旗、22个县和1个工业特区。1954年，东北行政区划调整，将原黑龙江省的7个县划归吉林省，与原属吉林的乾安县共同组建白城专区，将原辽东省的1市9县划归吉林省，设立通化专区。将原辽东省的辽源市、西安县、东丰县和原辽西省的四平市、双辽县、梨树县划归吉林省管辖。1969年，内蒙古自治区的哲里木盟和呼伦贝尔盟的1县1旗划归吉林省，1979年又划归内蒙古自治区。

改革开放以来，我国在地名普查、地名标准化处理、地名规范化管理及地名标志设置等方面做了大量工作，取得了显著成绩。在完成全国地名普查工作基础上，吉林省积极参与国际地名标准化活动，开展并完成了地名拼写与转写、标准制定等工作，推动了我国地名标准化进程；组织编辑出版系列地名图录典志，建立了较为完备的地名档案；积极稳妥地开展地名命名、更名以及政区名称审音定字工作；圆满完成了国道两侧村镇地名标志设置工作；组织完成了全国城市地名设标工作，在建立地名数据库的基础上，完成属性数据录入工作，实施国家启动的地名公共服务工程，民政部为社会提供区划地名信息服务的专业网站——国家地名信息库，实现了地名数据化、信息化的全覆盖。

1.6 研究方法

1.6.1 标准差椭圆

分析地名点数据的空间分布范围，采用的方法是分别计算地名点 x 和 y 方向上的标准距离，根据这两个距离形成一个包含所有地名要素分布的椭圆。由于该方法是以平均中心作为起点对 x 以及 y 坐标的标准差运算得到椭圆的轴，因此这个椭圆被称为标准差椭圆（Standard Deviational Ellipse）（Lefever，1926）。利用该椭圆，研究者可以查看地名的空间分布形状以及分布方向。对各个由来地名所在区域的椭圆的大小、形状和重叠部分进行比较，得到与地名分布相关的空间结构（苏煜，2017）。标准离差椭圆的圆心的公式为：

$$SDE_x = \sqrt{\sum_{i=1}^{n}(x_i - \bar{X})^2 / n} \tag{1.1}$$

$$SDE_y = \sqrt{\sum_{i=1}^{n}(y_i - \bar{Y})^2 / n} \tag{1.2}$$

式中：x_i 和 y_i 为每个地名的横纵坐标，$\bar{X}$、$\bar{Y}$ 为地名的平均中心，利用地名的算数平均中心来计算椭圆的圆心，n 代表地名的总个数。

标准差椭圆方向的确定，以 x 轴为准，以正北方方向为 0 度，顺时针旋转，角度计算公式为：

$$\tan\alpha = (A + B)/C \tag{1.3}$$

$$A = (\sum_{i=1}^{n}\tilde{x}_i^2 - \sum_{i=1}^{n}\tilde{y}_i^2) \tag{1.4}$$

$$B = \sqrt{(\sum_{i=1}^{n}\tilde{x}_i^2 - \sum_{i=1}^{n}\tilde{y}_i^2)^2 + 4(\sum_{i=1}^{n}\tilde{x}_i\tilde{y}_i)^2} \tag{1.5}$$

$$C = 2\sum_{i=1}^{n}\tilde{x}_i\tilde{y}_i \tag{1.6}$$

式中：$\tilde{x}_i$ 和 $\tilde{y}_i$ 是平均中心和 x、y 坐标之差。

x、y 坐标与平均中心偏差的计算公式为：

$$\sigma_x = \sqrt{\sum_{i=1}^{n}\left(\tilde{x}_i \cos\alpha - \tilde{y}_i \sin\alpha\right)^2 /n} \qquad (1.7)$$

$$\sigma_y = \sqrt{\sum_{i=1}^{n}\left(\tilde{x}_i \sin\alpha - \tilde{y}_i \cos\alpha\right)^2 /n} \qquad (1.8)$$

通过计算得到椭圆的长半轴表示的是地名的分布方向，短半轴表示的是地名的分布范围。长短半轴的值差距越大，即扁率越大，表示地名分布方向性越明显（苏煜，2017）。反之，长短半轴越接近，表示方向性越不明显。如果标准差椭圆的长短半轴完全相等，表示地名数据没有任何的方向特征。

而标准差椭圆的短半轴表示地名数据的分布范围，短半轴越短，表示地名数据呈现的向心力越明显；反之，短半轴越长，表示地名数据的离散程度越大。如果短半轴与长半轴完全相等，同样表示地名数据没有任何的分布特征。

1.6.2 空间自相关分析

在传统的非空间统计学分析当中，数据具有独立以及随机性是十分重要的条件。但是地理数据具有空间上分布的相似性，这是空间统计学中所特有的，本书研究的地名及其分布需要将地理空间关系纳入空间分析中。首先需要将地名的空间关系概念化，主要的表达方式是建立空间的权重矩阵 W，空间关系概念化的方法有多种，如根据距离的倒数来定义空间权重，根据距离倒数的平方来定义空间权重，根据距离阈值来定义空间权重等（Wang，2006）。

本书是对县域单元所代表的地名文化景观以及人口进行分析，所以是根据县域单元多边形的邻接关系来定义空间权重的。县域单元多边形的邻接方式主要有两种：一种是 R 邻接（Rook Contiguity），也叫边邻接，即两个县域单元多边形具有共同的边界；第二种是 Q 邻接（Queen Contiguity），也称广义邻接，指的是两个县域单元多边形具有共同的边界或者是共同点。本书选用的是 Q 邻接，即两个县域单元具有共同的边界或者共同点即为相邻，研究共 n 个县域单元，每个县域作为唯一单元。当县域单元 i 和县域单元 j 相邻时，这个空间权重矩阵所对应的权重为非零值 $w_{i,j}=1$；如果两个县域单元是非相邻关系，权重矩阵所对应的权重值 $w_{i,j}=0$，且每个县域单元与它本身并不相邻，即空间权重矩阵的对角线为 0。

（1）全局自相关（Moran's I）

本书所要研究的县域单元代表的地名文化景观以及人口分布，同样具有聚集分布的非随机特性，这种特性体现为空间上的自相关性。本书通过对县域地名文化景观及人口的空间位置及其属性来分析空间自相关，分析县域尺度上地名文化景观以及人口的空间分布模式是聚集、离散还是随机模式。Moran's I 的计算公式如下：

$$I = \frac{n \sum\limits_{i=1}^{n} \sum\limits_{j=1}^{n} w_{i,j} z_i z_j}{W \sum\limits_{i=1}^{n} z_i^2} \tag{1.9}$$

式中：z_i 是县域 i 的属性值 x_i 与其平均值 $\overline{X}$ 之差，即 $(x_i - \overline{X})$；z_j 是县域 j 的属性值 x_j 与其平均值 $\overline{X}$ 之差，即 $(x_j - \overline{X})$；$w_{i,j}$ 是县域 i 和县域 j 之间的空间权重；n 表示县级单元的总个数；W 为空间所有权重的聚合。

空间所有权重的聚合 W 的计算公式为：

$$W = \sum\limits_{i=1}^{n} \sum\limits_{j=1}^{n} w_{i,j} \tag{1.10}$$

z_I 的计算公式为：

$$z_I = \frac{I - E[I]}{\sqrt{Var[I]}} \tag{1.11}$$

数学期望值 E [I] 的计算公式为：

$$E[I] = -1/(n-1) \tag{1.12}$$

方差 Var [I] 的计算公式为：

$$Var[I] = E[I^2] - E[I]^2 \tag{1.13}$$

同时，Moran's I 指数同样可以看作属性值与其空间滞后（Spatial Lag）之间的相关系数。其中县域 i 属性值的空间滞后 $x_{i,-1}$ 是其邻域 j 的平均值，其公式为：

$$x_{i,\,-1} = \sum_{j=1}^{n} w_{x,\,j} x_j \Big/ \sum_{j=1}^{n} x_{i,\,j} \tag{1.14}$$

从以上公式可以得到 Moran's I 指数的数值在-1到1之间,其数值接近-1时为负相关,说明具有相异属性的县域聚集,即较高属性值的县域单元与较低属性值的县域单元空间上聚集,或者较低属性值的县域单元与较高属性值的县域单元空间聚集。Morans'I 数值为0时是不相关,表示县域单元的属性值是随机分布的,在空间上不存在自相关性。而 Moran's I 数值接近1时是正相关,说明具有相近属性的县域单元聚集,即较高属性值的县域单元聚集,或者较低属性值的县域单元聚集。

（2）**热点分析**（Getis-Ord G*）

Moran's I 指数是对代表地名文化景观与对应人口的县域单元,进行空间分布的显著特征分析,得到空间聚类或者离散的总体模式。具体的较高属性值的县域单元,或者是较低属性值的空间聚集位置,需要通过局部聚类,分析具有统计显著性特征的空间热点与冷点（Wang,2006）。具体是将县域单元及其相邻县域的局部总和与所有的县域单元的总和进行比较,当局部的总和与期望的局部总和差异较大,具有统计学意义,则会得到一个 Z 得分,其计算公式为：

$$G_i^* = \frac{\sum\limits_{j=1}^{n} w_{i,\,j} x_j - \overline{X} \sum\limits_{j=1}^{n} w_{i,\,j}}{S \sqrt{\left[n \sum\limits_{j=1}^{n} w_{i,\,j}^2 - \left(\sum\limits_{j=1}^{n} w_{i,\,j}\right)^2\right] \Big/ n - 1}} \tag{1.15}$$

式中：x_j 是县域单元 j 的属性值,$w_{i,\,j}$ 是要素 i 和 j 之间的空间权重,n 是县域单元的总个数。

$\overline{X}$ 的计算公式为：

$$\overline{X} = \frac{\sum\limits_{j=1}^{n} x_j}{n} \tag{1.16}$$

S 的计算公式为：

$$S = \sqrt{\frac{\sum\limits_{j=1}^{n} x_j^2}{n} - (\overline{X})^2} \tag{1.17}$$

其中，G*的统计值就是Z得分，具有统计显著的正Z得分，其数值越高，表明具有较高属性值的县域单元，其周围是同样具有较高属性值的县域单元，且聚集地越紧密，这些县域单元组成热点区；而具有统计显著的负Z得分，其数值越低，说明属性值较低的县域单元聚集地越紧密，即冷点区。

1.6.3 空间回归分析

（1）空间滞后模型

基于以上的空间自相关分析，可以探测县域单元的属性值是否与其地理位置相关。如果各县域单元相互独立，即没有空间自相关的前提下，可以利用统计学回归比如普通最小二乘法（Ordinary Least Square，OLS）来分析。但是本书所研究的是县域单元地名文化景观及人口的空间分析，通过应用空间自相关分析判读其是否独立，如果非独立需要应用空间回归分析方法来研究其空间分布（Wang，2006）。

一般回归模型可用公式表示为：

$$Y=AX+\varepsilon \tag{1.18}$$

式中：Y为县域单元的因变量矩阵。X为其对应自变量，可以为m个自变量，每个自变量是具有n个数值的矩阵。A为对应m个自变量回归系数的向量形式。ε为随机误差向量，也称残差向量，分布相互独立且中值为0。

空间自相关存在，会导致随机误差不相互独立，不适合应用OLS回归模型。本书主要应用两种最大似然估计法来进行空间回归：一种是空间滞后模型（Spatial Lag Model）；另一种是空间残差模型（Spatial Error Model）。

空间滞后模型，也称空间迟滞模型，或者空间自回归模型，是将县域单元属性Y的空间滞后加入模型中，具体计算公式为：

$$Y = \rho WY + AX + \varepsilon \tag{1.19}$$

式中：WY表示空间滞后，ρ是空间滞后变量的系数。

公式（1.19）可以转换为：

$$Y = (1 - \rho W)^{-1}AX + (1 - \rho W)^{-1}\varepsilon \tag{1.20}$$

在回归模型的每个县域单元上乘以一个空间因子 $(1 - \rho W)^{-1}$，表明其县域单元属性的因变量自相关，即受到其他地区的影响。

（2）空间误差模型

空间误差模型也可称为空间移动平均模型，县域单元属性的残差具有空间自相关，计算公式为：

$$Y = AX + \delta \tag{1.21}$$

其中残差 δ 中具有空间滞后性，表示为：

$$\delta = \lambda W u + \varepsilon \tag{1.22}$$

式中：δ 是空间残差的自回归系数，剩余的残差项 ε 是相互独立的随机误差。

公式（1.21）可以转换为：

$$Y = AX + (1 - \lambda W)^{-1} \varepsilon \tag{1.23}$$

即每个县域单元的属性值都受到其他县域单元 j 上的随机误差的影响，影响系数为 $(1 - \lambda W)^{-1}$。

本书通过对县域单元所代表的地名文化景观与县域人口数目进行空间回归分析，探讨分析普通最小二乘法、空间滞后模型和空间误差模型中更符合实际情况的模型。

（3）地理加权回归模型（GWR）

全局空间回归模型假设整个研究区域范围中，模型的回归参数是统一的，与分析单元的空间位置无关。而在现实生活中，解释变量会随着空间位置的变化而对因变量的影响产生变化，所以回归系数不会全局一致，而是会随着空间位置而变化（Wang，2006）。这就是地理加权回归模型（Geographically Weighted Regression，GWR）的建立思想，即局部加权的最小二乘法，其中权重为县域单元所在空间位置到其他县域单元的空间位置之间的距离函数，从而实现将空间位置上所预测的属性值随空间位置变化，该模型可以用来分析空间位置的非平稳性。

改进后的线性回归模型的计算公式为：

$$y_i = f_0(a_i, b_i) + \sum_{k=1}^{n} f_k(a_i, b_i) x_{i,k} + \varepsilon_i \tag{1.24}$$

式中：y_i 是第 i 个县域单元的因变量，$x_{i,k}$ 是第 k 个自变量在第 i 个县域单元的值，k 是自变量的计数，ε_i 是第 i 个县域单元的残差，(a_i, b_i) 是第 i 个县域单元的空间坐标，$f_k(a_i, b_i)$ 是连续函数在第 i 个县域单元位置的值。如果 $f_k(a_i, b_i)$ 在空间上不再随着空间位置而变化，则空间回归模型可为全局模型，此时的计算公式为：

$$f(a_i, b_i) = (X^T W(a_i, b_i) X)^{-1} X^T W(a_i, b_i) y \tag{1.25}$$

式中：$W(a_i, b_i)$ 为距离权重矩阵，对角线元素为权重的对角矩阵，其他非对角线元素为零。权重矩阵 $W(a_i, b_i)$ 表示第 j 点对于第 i 点的影响，本书选用高斯函数，其计算公式为：

$$W(a_i, b_i) = \exp(-l_{i,j}^2 / h^2) \tag{1.26}$$

式中：$l_{i,j}$ 是第 i 个县域单元和第 j 个县域单元之间的距离，h 为自定义的带宽。带宽 h 的确定方法一般有交叉验证法（Cross Validation，CV）和 Akaike 信息准则法（Akaike Information Criterion，AIC）。

1.6.4 核（Kernel）密度分布

从表 1-1 中可以发现，东北地区各语源地名的数量差异较大，汉语地名的数量远远大于满语和蒙古语地名的数量。本书根据地名所在位置进行核密度分析（W.Luo 等，2018），用核密度来显示连续分布，从而在整个东北地区都能够分布，利用核密度来计算所期望的地名数量，以反映地名文化景观的分布情况。

核密度估计法是从一些随机采样点重建概率密度函数的一种方法，在没有先验密度假设的情况下，依据一个合适的带宽，即可以得到一个概率密度的估计值（张正祥等，2013）。本书应用核心估计函数模拟出地名以及生活生产方式数据的空间分布概率密度。其定义公式如下：

$$\lambda_\tau(s) = \sum_{i=1}^{n} \frac{1}{\tau^2} k\left[\frac{s - s_i}{\tau}\right] \tag{1.27}$$

式中：$\lambda_\tau(s)$ 是点数据在 s 点的空间分布密度，s_n 为其对应的地理坐标，τ 为带宽，用来定义平滑的程度，即以该点为圆心生成的圆的半径，带宽的值越大，得到的趋势越平滑。其中 k（ ）被称为核心，是一个双变量的概率密度函数，可以通过调整带宽值，从而得到在不同分析尺度下，相应变量的空间分布密度（Silverman，1998）。

对于不同的搜索半径，越小的搜索半径，得到的密度分布越细致；越大的搜索半径，得到的密度表面越光滑。为了避免因为稀疏数据的分布而产生的点周围有圆环的现象，我们可以利用 Silverman 的搜索半径公式：

$$\text{搜索半径} = 0.9 \times \min\left(SD, \sqrt{\frac{1}{\ln(2)} \times D_m}\right) \times n^{-0.2} \tag{1.28}$$

式中：SD 是标准距离，D_m 是中值距离（Wang，2006）。其中，由于不同的行政级别所拥有的人口不同，所代表的影响力也不同，所以我们将不同行政等级用不同的权重来体现。其中根据表 1-1，乡镇地名点与所期待的居民点个数是同等级的，而县高于乡镇 1 个等级，所以权重为乡镇地名的 2 倍，即每个市县地名点等于两个居民点的影响力。同理，行政等级为市级的地名，权重为 3 倍的乡镇地名影响力；省级为最高行政等级，它的权重为 4 倍的乡镇地名影响力。

由于本书使用了权重字段，即行政等级的大小，公式中的 n 是权重字段值的总和。该方法是先计算与所有地名加权平均中心之间的距离，然后根据这些距离的加权中值 D_m 和加权标准距离 SD，通过如上公式取得这两个选项中的值较小者，得到该地名的搜索半径。

1.6.5　地理探测器

空间分层异质性（Spatial Stratified Heterogeneity），简称空间分异性或者区异性，是用来表明层内方差小于层间方差的地理现象（董玉祥等，2017），是空间数据比较重要的特性之一，如柳条边的划分使得东北地区地名的空间分布具有空间分层异质性。其中的"层（Strata）"为统计学概念，大致对应地理上的类或子区域（王劲峰等，2017）。目前主要的计算方法是利用地理探测器 Q 统计，计算空间分异性和进行因子分析（于佳等，2015）。

地理探测器是能够探测空间分异性，分析其影响驱动力的一组统计学方法，其应用没有特殊的限制要求。地理探测器的理论核心，是通过空间异质性来探测因变量与自变量之间空间分布格局是否具有一致性，并据此分析自变量对因变量的解释度，即Q值（刘彦随等，2012）。

地理探测器的核心思想基于如下假设：如果某个因素对东北地区的地名分布有重要影响，那么该因素与地名的空间分布应该具有相似性（杨忍等，2016）。如果地名分布的差异性是由某个因素A影响而成的，则Q值越大表示因素A对地名分布的解释力越强，反之解释力就越弱。在极端情况下，如果Q值等于1，则说明因素A完全控制了该地名的空间分布；而Q值为0则说明因素A与地名分布没有任何关系。Q值的大小，表示因素A解释了100×Q%的地名分布情况（湛东升等，2015）。识别不同影响因子之间的交互作用，是指分析因素A和因素B共同作用时是否会增加或减弱对民族分布的解释力，还是这些因子对地名分布的影响是相互独立的。

地理探测器主要是对类型变量进行分析，如果数据为顺序量、比值量或间隔量，需要对该数据进行适当的离散化（毕硕本等，2015）。其中离散方法既可以应用各种分类算法，同样也可以根据经验划分，例如地理分区。这使得地理探测器既能够用来分析数值型数据，也能够用来分析定性数据（Cao等，2013），而且应用地理探测器还能够探测对于地名的空间分布，两因子的交互作用。目前两个因子的交互作用算法是计算两个影响因子的乘积项，并检验其统计显著性，地理探测器则分析两个影响因子交互划分之后的交互作用对于地名分布的影响，包括交互作用的强弱与方向。本书利用地理探测器来分析地名和相关影响因子的空间分异情况，本书主要使用如下三种探测器：

（1）因子探测器

因子探测器探测地名分布的空间分异性，以及探测影响因子对于地名分布密度的空间分异的解释能力，用Q值来表示。公式（1.29）为层内的方差之和（1.30）与整体研究范围内的方差（1.31）之比。探测驱动力大小，根据组内方差和组间方差来分析地名密度分布和影响因子的空间分布是否一致。如果Q值为1，则说明地名分布与影响因子的分布完全一致，证明此因子的影响能力是最强的，完全控制了地名的空间分布。因子探测器公式如下：

$$Q = 1 - \frac{\sum\limits_{i=1}^{L} N_i \sigma_i^2}{N\sigma^2} = 1 - \frac{SSW}{SST} \tag{1.29}$$

$$SSW = \sum_{i=1}^{L} N_i \sigma_i^2 \tag{1.30}$$

$$SST = N\sigma^2 \tag{1.31}$$

式中：i 为地名分布密度 Y 或影响因子 A 的分层（Strata），即分类或分区，其值的范围 i = 1，…，L；N_i 和 N 分别为层 i 和全区的单元数；σ_i^2 和 σ^2 分别是层 i 和全区的地名分布密度 Y 值的方差。SSW 表示层内方差之和（Within Sum of Squares），而 SST 表示全区总方差（Total Sum of Squares）。其中，因子探测器得到 Q 的值域为 [0，1]。

公式（1.29）用影响因子 A 每个分区地名分布密度的方差之和，比上整体地名分布密度的方差。Q 值越大，说明地名分布密度的空间分异性越明显。其中，如果地名数据的空间分异性是影响因素作用导致的，则 Q 值越大，说明影响因素对地名文化分布的解释力越强。可以通过 F 分布来检验 Q 值是否显著，公式如下：

$$F = \frac{N - L}{L - 1} \frac{Q}{1 - Q} \sim F(L - 1, N - L; \lambda) \tag{1.32}$$

$$\lambda = \frac{1}{\sigma^2} \left[\sum_{i=1}^{L} \overline{Y}_i^2 - \frac{1}{N} \left(\sum_{i=1}^{L} \sqrt{N_i} \, \overline{Y}_i \right)^2 \right] \tag{1.33}$$

（2）交互探测器

交互探测器计算两种因子的空间分布共同作用下的影响力大小，从而识别不同影响因子之间的交互作用，即影响因子 A 和 B 共同作用时，对地名分布密度的解释能力是否会有变化，以此验证两个因子对于地名分布的解释能力是否彼此独立。评价方法是先分别计算两种影响因子的 Q 值，并计算它们叠加之后所形成的新多边形重新划分的影响因子的 Q 值，并对这三个 Q 值进行比较，关系有如下几种：

第一种为非线性增强，两种因子的共同结果大于两种因子驱动力之和，则为非线性增强，公式表达为：

$$Q(A \cap B) > Q(A) + Q(B) \tag{1.34}$$

第二种为独立，两种因子的共同作用等于两种因子驱动力之和，公式表达为：

$$Q(A \cap B) = Q(A) + Q(B) \tag{1.35}$$

第三种为双因子增强，两种因子的共同作用小于两种因子驱动力之和，但是大于每个单个因子，公式表达为：

$$Q(A) + Q(B) > Q(A \cap B) > Max(Q(A), Q(B)) \tag{1.36}$$

第四种为单因子非线性减弱，两种因子的共同作用小于两种因子中驱动力较大的，但是大于驱动力较小的，公式表达为：

$$Min(Q(A), Q(B)) < Q(A \cap B) < Max(Q(A), Q(B)) \tag{1.37}$$

第五种为非线性减弱，两种因子的共同作用小于其中任意一个因子的驱动力，具体公式为：

$$Q(A \cap B) < Min(Q(A), Q(B)) \tag{1.38}$$

（3）风险区探测器

风险区探测器计算某个影响因子每个子区域的属性均值，并用t检验方法检验是否有显著的差异。比较的是某一个因子每个子区域内的因变量均值之差，除以每个子区域因变量均值的方差与每个子区域的样本数量之和。假设影响因素A划分为不同的分区，比较分析因素A在不同子区域内的地名分布是否一致。在这两个子区域地名的平均分布密度为：

$$\overline{Y_{A=1}} = \frac{1}{n_{A=1}} \sum_{i=1}^{n_{A=1}} Y_{A=1, i} \tag{1.39}$$

$$\overline{Y_{A=2}} = \frac{1}{n_{A=2}} \sum_{i=1}^{n_{A=2}} Y_{A=2, i} \tag{1.40}$$

式中：$\overline{Y_{A=1}}$ 为在 A 子区域 1 中地名分布密度的均值，$\overline{Y_{A=2}}$ 为在 A 子区域 2 中地名分布密度的均值。$n_{A=1}$ 为在 A 子区域 1 中的样本数量，$n_{A=2}$ 为在 A 子区域 2 中的样本数量。$Y_{A=1, i}$ 表示在 A 子区域 1 内第i层地名分布密度的数值；$Y_{A=2, i}$ 表示在 A 子区域 2 内第i层地名分布密度的数值。

在 A 这两个子区域 1 和 2 的地名分布密度方差的公式为：

$$\sigma_{A=1}^2 = \frac{1}{n_{A=1}} \sum_{i=1}^{n_{A=1}} (Y_{A=1, i} - \overline{Y_{A=1}})^2 \tag{1.41}$$

$$\sigma_{A=2}^2 = \frac{1}{n_{A=2}} \sum_{i=1}^{n_{A=2}} (Y_{A=2, i} - \overline{Y_{A=2}})^2 \tag{1.42}$$

即计算每个子区域内的数值与平均值之差的平方和，除以该区域内的样本数量。

零假设为 A 的两个子区域 1 和 2 之间的均值是一样的，进行风险区探测 t 检验：

$$t_{\overline{Y}_{A=1} - \overline{Y}_{A=2}} = \frac{\overline{Y}_{A=1} - \overline{Y}_{A=2}}{\left[\sigma_{A=1}^2 / n_{A=1} + \sigma_{A=2}^2 / n_{A=2} \right]^{1/2}} \qquad (1.43)$$

其自由度的公式为：

$$df = \frac{\sigma_{A=1}^2 / n_{A=1} + \sigma_{A=2}^2 / n_{A=2}}{\dfrac{(\sigma_{A=1}^2 / n_{A=1})^2}{n_{A=1} - 1} + \dfrac{(\sigma_{A=2}^2 / n_{A=2})^2}{n_{A=2} - 1}} \qquad (1.44)$$

其中的零假设 H0：$\overline{Y_{A=1}} = \overline{Y_{A=2}}$，如果在置信水平 α 下拒绝零假设，则认为 A 的两个子区域 1 和 2 间的地名密度均值存在显著的差异。本书主要利用风险区探测器对于不同子区域中地名密度的平均值，来分析影响因素 A 中不同子区域 1 和 2 对于地名分布密度解释能力的差异性。

地理探测器的实质为分析影响因素的空间分异情况与地名文化景观的空间分异情况是否一致，如果能够较好地区分出地名文化景观的空间分异情况，则说明这种因素对于地名的分布有较高的驱动力（Wang等，2016）。本书基于地理探测器分析东北地区地名及其影响因子的空间异质性，分析影响因素的交互作用、影响力的大小以及交互作用的大小，从而通过研究相关影响因素的空间分异特征来分析地名文化景观分布的原因（Wang等，2010）。

2 东北地区历史时期地名和人口空间分布分析

2.1 东北地区历史时空数据分析

2.1.1 历史地名数据

中国历史地理信息系统（CHGIS），是依据《中国历史地图集》和其他相关的文献资料，基于地名生存期进行存储并建立的有关中国历史时期行政单位所在地和行政界限的空间数据库，其历史时间范围从先秦时期（公元前221年）到清朝末年（1911年），时间尺度上是较为完整的历史范围。本书基于此数据按照现今东北地区的界限进行分析，这是由于历史时期中国政区的行政范围不断变化，需要统一的空间范围进行对比分析。

东北地区作为清朝的发祥地，在清朝初期行政等级的划分与山海关内其他地区稍有区别。东北地区主要以盛京将军、吉林将军和黑龙江将军作为省级行政单元，辖区下设立的府按照省级单位来划分；州、厅由于其分级与山海关内的其他省份相同，同样按照县级单位来划分。与其他地区不同的行政单位，还包括东北地区特有的副都统、协领、城守尉、防守尉以及各级驻防。本书将副都统衔总管和副都统作为省级行政单位，协领、城守尉、防守尉作为县级行政单位。

1907年（光绪三十三年），清政府为了进一步完善行政等级的划分，废除盛京将军、吉林将军、黑龙江将军，建立与关内行政区划相一致的奉天、吉林、黑龙江三省，设立东北地区的三省总督，并且按照其他省份的划分方法，在奉天、吉林、黑龙江省的区域内划分道，建立了省、道、县三级的行政制度，本书在此时间范围内同样按照省级和县级单位进行统一划分。在中国历史时期，多是以年号作为时间的划分尺度，所以本书将历史时期的年号作为时间划分的单元进行分析。

按照以上划分方案得到表2-1所示的城镇个数，发现在中国历史地理信息系统中，虽然整个中国地区的时间范围尺度较广，但是东北地区城镇是从清朝顺治年间开始出现的。这是由于东北地区一直作为部落聚居区，城镇化时间较晚，且缺乏精确历史资料。

表2-1　　　　东北地区历史时期地名数目变化表（个）

历史时期	省	县
顺治（1643—1661年）	3	2
康熙（1662—1722年）	10	10
雍正（1723—1735年）	10	18
乾隆（1736—1795年）	15	26
嘉庆（1796—1820年）	18	27
道光（1821—1850年）	19	27
咸丰（1851—1861年）	19	27
同治（1862—1875年）	20	27
光绪（1876—1908年）	62	74
宣统（1909—1912年）	76	97

　　1653 年（顺治十年），清政府颁布《辽东招民开垦条例》，少部分关内移民到柳条边内开垦种植，形成了小规模的城镇（薛虹等，1991）。1741 年，清政府对东北地区实行封禁政策，使得东北地区的发展停滞，从乾隆到咸丰年间（1741—1860 年）推行全面封禁政策，东北地区城镇个数基本没有变化。直到开禁之后汉族移民大量迁徙，东北地区的省级行政单位和县级行政单元的个数都有显著增加。而在 1861—1911 年，东北地区开始实行弛禁和移民实边政策，所以城镇个数逐渐增加（程妮娜，2001），如图 2-1 所示。

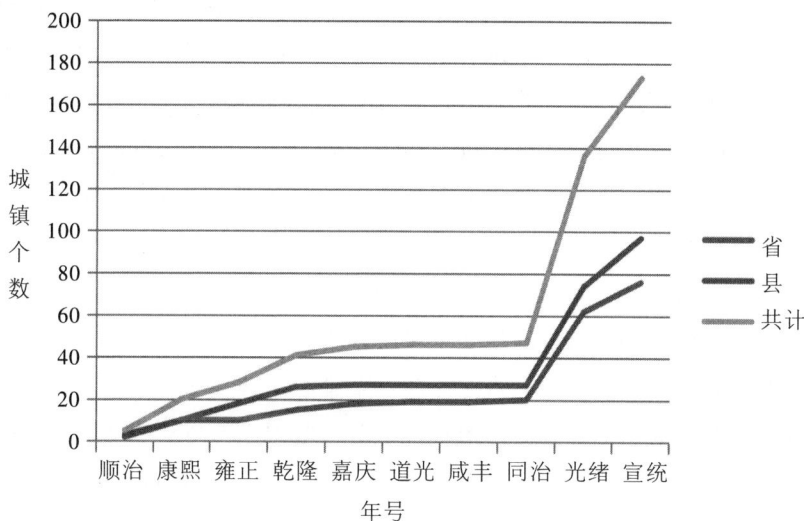

图 2-1　历史时期东北地区地名数量变化图（个）

　　利用标准差椭圆方法，分析每个年号时间范围内，东北地区省级和县级行政单位所在地的空间分布特征，可以发现东北地区的城镇分布与东北地区的历史开发情况相一致。1653 年（顺治十年）清政府颁布《辽东招民开垦条例》前，东北地区的城镇主要分布在辽东（今辽宁省大部分）。此后东北地区的城镇开始向东北部发展，并逐渐占据整个东北地区。到清朝末期，东北地区是中国最大的汉族移民迁入区，东北地区的城镇发展与汉族人口的变化有密切的关联。

2.1.2 历史人口数据

目前对于清代历史人口的研究，多根据清嘉庆二十五年（1820 年）的《大清一统志》、清康熙时期的《皇舆全览图》，以及《清实录》《清史稿》《清朝文献通考》《盛京通志》等官修史书和清人文集、笔记、地方志及档案资料，通过分析清代的户籍制度，综合运用历史学、人口学和统计学的方法，注重人口制度的定性分析，以及人口数据的定量分析（曹树基，2001）。

东北地区的历史人口主要以"牛录""丁"作为统计单位，具有不确定性。其中，以牛录作为统计单位，是因为满族一直以射猎为主要生活生产方式，在适合采捕的季节，以氏族或村寨为单位，由有名望的人当首领，以血缘和地缘为单位进行集体狩猎。结伴而行的狩猎活动因人数增多而需要统一指挥，其指挥者称为牛录额真，这个多人集体称为牛录（色研，2012）。

《中国人口史》《中国移民史》《中国分省区历史人口考》等资料是对大量户口资料的考订，除东北地区以外的其他地区可以得到分省人口数量，但是东北地区由于一直是多部落聚集区，缺少文献记载，只能以现今省的范围来粗略估计人口数据。依据《中国人口史》当中较为准确估计的东北三省的人口数据，得到东北地区的历史数据，其中包括 1776 年（乾隆四十一年）、1820 年（嘉庆二十五年）、1851 年（咸丰元年）、1880 年（光绪六年）、1910 年（宣统二年）时期的人口数据。本书研究区包括内蒙古东四盟地区，而人口统计资料主要以内蒙古全区作为一个划分单元，所以本节不讨论内蒙古地区的人口分布情况。

利用全球历史环境数据（Historical Database of the Global Enviroment，HYDE），本书提取以上对应时期中国东北地区的人口数据（Rounsevell 等，2012）。HYDE 在 1700 年前以 100 年作为时间间隔进行划分，而之后是以 10 年作为时间间隔尺度。本书对应选取的时间为 1780 年、1820 年、1850 年、1880 年、1910 年，显示出东北地区的人口主要分布在东北平原地区。随着时间的变化，发现人口数量分布呈现出由南向北逐渐扩张的趋势。以上的人口历史数据都是以现今东北三省的区划作为研究范围，通过HYDE的全球人口数据栅格数据得到东北地区各省份的人口数据，见表2-2。

表2-2　　　　　　　　清代东三省人口分布（万人）

省	来源	1776年	1820年	1851年	1880年	1910年
辽宁	HYDE	533.657	677.5408	857.0031	707.7191	816.1221
辽宁	历史文献	61	175.7	258.2	409	1 069.6
吉林	HYDE	402.7569	532.9502	623.7973	543.6069	618.4654
吉林	历史文献	29.1	56.7	123.8	256.9	547.7
黑龙江	HYDE	265.6771	350.7601	430.0825	363.4451	422.6541
黑龙江	历史文献	10.8	30	37	77.5	166.3

通过对比表2-2中的数据，我们发现基于历史文献的人口数据与前文的城镇分布数据一致，在1880年呈现显著的上升趋势，与东北地区的历史情况相吻合。而HYDE是基于现今人口数据进行分布，所以三个省份的变化程度相似，且高于历史文献数据的人口数量。这是中国东北地区历史时期的区域特点导致的（张丽娟等，2014），清朝初期施行封禁政策，而在清朝末期开禁后，大规模的移民迁移至此，使得人口数量迅速增加（曹雪等，2014），这与通过历史文献得到的人口数据吻合。HYDE作为全球历史数据，并没有考虑区域尺度的有关变化，所以基于现今人口数据计算得到的历史时期人口数据偏高。相关文献也对比分析了东北地区基于HYDE的历史土地利用数据和基于历史文献重建的土地利用数据，同样得出HYDE作为全球尺度数据，缺乏对特定区域的历史变化差异分析，对局部拟合情况有一定差异的结论（杨绪红等，2016）。

2.2　东北地区历史时期聚落分布

东北地区是满族（满洲）的发祥地，《清太祖武皇帝实录》中记载："满洲原起于长白山之东北布库里山下一泊，名布儿湖里。"近代东北地区的发展史与满族的兴起衰落以及中原汉族的移民和开荒息息相关。东北地区的原著民族主要为满族、鄂伦春族、鄂温克族、赫哲族等，其可以追溯到前秦时期的肃慎族系，汉魏时期称为挹娄，南北朝为勿吉，隋唐称靺鞨，宋辽金元明称女真（女直）（崔乃夫，2002）。《清太宗实录》中记载，"我国原有满洲、哈达、乌喇、叶赫、辉发等名。向者无知之人，往往称为诸申（在满语中诸申与女真同音）。夫诸申之号，乃席北（锡伯）超墨尔根之裔，实与我国无涉。我国建号满洲，统诸绵远，相传奕世。自今以后，一切人等，止称我国满洲原名，不得仍前妄称"（张佳生，1999）。直到 1635 年 11 月 22 日（天聪九年十月十三日）皇太极宣布定族名为"满洲"，至此形成了满族。

前文讨论的时空数据虽然有较长的时间尺度，但是都无法较为精确的体现东北地区聚落的空间分布情况。同时历史资料的文字记载只能体现大致的分布范围，如《清太祖武皇帝实录》中记载，"满洲国自东海至辽边，北自蒙古嫩江，南至朝鲜鸭绿江，同一音语者俱征服，是年诸部始合为一"（孙文良，1986）。历史时期东北地区满族的分布范围记载粗略，而东北地区的阿尔泰语由来地名具有较好的延续性以及空间特性，故本书利用满族地名来体现历史时期的东北地区民族聚落的空间分布范围。

同时东北地区一直是多民族生活之地，东北地区的主要民族除了满族，还有鄂伦春族、鄂温克族、赫哲族以及锡伯族等，且多为阿尔泰语系，属满-通古斯语族。此外东北地区的少数民族还有蒙古族（其语言来自东胡族系，虽属于阿尔泰语系，但属于蒙古语族），以及俄罗斯族、朝鲜族、回族、柯尔克孜族等外来民族（姜维公，2014）。但除满族之外其他少数民族人数较少，清朝时期清政府吸收了黑龙江流域的鄂伦春族、鄂温克族、达斡尔族和嫩江流域的锡伯族等少数民族加入八旗（赵英兰，2007）。东北地区地名形成初期主要是女真、蒙古族、汉族以及其他少数民族的地名，民族语言的多元构成直接导致了东北地区地名文化的多元性（郭孟秀，2010）。

2.2.1　历史时期聚落分布

中国东北地区的聚落分布是一个不断变化的过程。明朝时期东北地区以女真（今满族）部落的形式分布，多分布在松花江、黑龙江以及乌苏里江流域。《清太祖武皇帝实录》中记载："各部环满洲国扰乱者有苏克素护河部、浑河部、完颜部、栋鄂部、哲陈部；长白山讷殷部、鸭绿江部；东海窝集部、瓦尔喀部、库尔喀部、呼伦国中乌拉部、哈达部、叶赫部、辉发部，各部蜂起，皆称王争长。"其中，建州女真的努尔哈赤在明末时期逐渐崛起，并合并其他女真部落，于1616年（明万历四十四年，后金天命元年），在赫图阿拉（今辽宁省新宾满族自治县境内）建立"后金"政权。随后逐步掌控东北地区，定都盛京（今沈阳）建立清朝，并建立八旗制度管理东北地区，八旗子弟多随军迁往今辽宁境内。而随着清政权势力逐渐扩大，明末满族入主中原，从盛京迁往北京，开始对东北地区施行封禁政策，禁止汉人进入，保护满族"国语骑射"的传统，直到清末才逐渐有中原移民进入，逐渐形成今天的多元民族分布情况。

前文表明，可利用东北地区语源地名来推测对应人口分布的大致范围，而县级地名由于其具有详细的由来，并且多数是在原有聚落的基础上发展而来的，所以本书利用各县级地名的分布情况来推测人口分布范围。从地名资料的收集过程可知，县市级别的地名基本都是由历史地名演化发展而来，能够反映一定空间规律，所以选择县级作为行政单位来进行深入研究。本书将东北地区的县级地名的阿尔泰语系语源，表现在所在县的区域位置上，体现由满语、蒙古语、赫哲语、达斡尔语、鄂伦春语、鄂温克语等相关语言及文化来命名的县级地名分布情况。

按照现今的县级行政界限来表示每个县级地名的语源，从结果可以看出阿尔泰语由来的地名，虽然其分布情况与现在的省级界限有一定差异，但这与东北地区前期的历史发展相一致。元代之后，东北地区逐渐形成女真在东，蒙古族在西，汉族在南的分布格局。其中县级地名来源于蒙古族所在的地区，基本都在现今的内蒙古自治区境内，沿大兴安岭与平原地区相分开，而达斡尔语、鄂伦春语、鄂温克语的县级地名集中分布在大兴安岭地区的森林以及嫩江流域，与其人口的分布情况相吻合。

满语地名主要分布在松花江与嫩江之间的区域，还有一部分来自满语的县级地名分布在辽东南地区。满语地名的分布范围与历史时期满族聚落的空间分布相一致，从最早被记录的先人"肃慎"开始，主要生活在长白山和松花江、黑龙江流域之间地区。明朝时期在东北地区的女真主要有建州、海西、野人女真，其分布范围主要依据文献记载，缺乏精确空间范围。《东夷考略》中记载，女真"略有三种，自汤站东，抵开原，居海西者为海西女真，居建州、毛怜者为建州女真，极东为野人女真"。

2.2.2 地名与聚落分布

东北地区聚落分布有着时空变化的特点，但文献当中只有文字记载以及其大致范围图，但仅靠文字记载很难将聚落分布的变化过程表现出来，目前东北地区历史空间数据较为精准的是《中国历史地图集》，它是以嘉庆年间的《大清一统志》作为主要参考依据的嘉庆二十五年（1820年）的历史地图。本研究利用地名，运用GIS分析工具，基于现今地名来推测历史时期东北地区聚落的分布情况是否与历史时期的空间分布范围相一致。

与现今县级地名由来的分布界限图对比可以看出，虽然是按照现今的东北地区界限，但与1820年东北地区的聚落分布范围情况相一致，说明东北地区的地名是在原有聚落名称的基础上发展而来的。同时，松花江、嫩江流域作为聚落的主要聚集区，聚落较为明显地与松花江、嫩江的河流走向相一致，为沿江的分布形式。其中的"边外七镇"，指的是柳条边外部包括吉林、宁古塔、伯都纳、三姓、齐齐哈尔、摩尔根、瑷珲的七个较大城镇，这七个城镇也无一例外地分布在河流附近。这种空间分布与满族及其先人以渔猎作为主要的生活生产方式密切相关。

本书从地名由来的角度分析了东北地区聚落在历史时期的空间分布范围，同时证明了现今的东北地区市县是在原住民聚落的基础上逐渐发展起来的。在1820年东北地区的历史地图中，聚落的分布在柳条边内较为密集，在柳条边外较为稀疏，这是因为在清初萨尔浒战役之后，努尔哈赤定都沈阳，清军多随军迁徙到辽宁地区，随后迁都北京，史称"从龙入关"，因为长白山和松花江流域作为满族的发祥地，被认为是"龙兴之地"，故设立柳条边以保护当地的传统文化，并一直以八旗驻防制度来保护此区域。清政府建立柳条边并进行封禁之后，禁止除满族外的其他民族进入此区域，所以在柳条边外的聚落分布较少。而在柳条边内的现今辽宁省地区，一直是以汉族为主的区域，且在清朝时期有过小规模的汉人迁移，所以柳条边内地区的聚落分布较为聚集。

2.3 东北地区地名由来分布特征

2.3.1 地名由来分析

在历史时期，中国东北地区地广人稀、资源丰富，但是气候恶劣，交通较为闭塞，始终保持着较为原始的生态环境。东北地区人口大多分布在中部的平原地区，不同的气候、地形与地貌形成了东北农业、渔猎以及游牧文化带。这些都体现在与其密切相关的地名上，本书通过阿尔泰语由来地名的命名特点分析地名文化景观分布的空间特征，从而探讨其分布规律以及影响因素。

本书将县级地名的语源用所在县级区域单元来代表，从而体现地名的具体来源的分布情况①。同时，本书按照地名学相关理论以及东北地区的命名情况特点，将地名由来类型分为以下几种：人文由来，主要以部落名称、经济社会以及人物传说等作为命名缘由；历史由来，主要以历史文化和史迹事件等作为命名缘由；地理由来，主要依据地理位置、地形地貌特点进行命名；自然由来，以所在地的自然条件、气候、动植物等作为命名缘由；水文由来，依据所在地靠近河流、河流颜色、岛屿等因素来命名；行政由来，因行政区域撤乡并县等原因，合并或沿用原

---

① 本书中所有地名均追溯其由来，根据其原地名进行语源分析。比如靖宇县，为纪念抗日英雄杨靖宇，1946年濛江县易名靖宇县，其中"濛江"来自满语"恰库"，意思是明珠河；再如尚志市，为纪念抗日英雄赵尚志，1946年珠河县改为尚志县，1988年设尚志市，其中"珠河"取自乌珠河（即乌吉密河），由满语"乌只黑"音转而来，意思是孪生。因此，本书将靖宇县和尚志市地名语源划归为满语。

地名；民族由来，因所在地为某民族聚集区，而非来源于民族语言。

结果表明，东北地区地名的命名与所在位置密切相关。满语地名主要以当地的自然和地理为参考因素。在黑龙江与额尔古纳河附近，基本以与河流相关的名称命名；在松花江附近，则是以地理位置以及所在地的动植物等相关因素命名。而蒙古语地名与满语地名的由来不同，多是参考部落等人文因素来命名。这与东北地区原住民的生产生活方式相关，东北地区原住民的主要生产方式有狩猎、渔猎等。《大金国志》中记载，女真人"善骑射，喜耕种，好渔猎，每见野兽之踪，蹑而求之，能得其潜伏之所，又以桦皮为角，吹作呦呦之声，呼麇鹿而射之"。另据《后汉书·挹娄传》记载："挹娄，古肃慎之国也……处于山林之间，土气极寒，常为穴居，以深为贵，大家至接九梯。"满族的分布情况与所在地的自然环境紧密相关，并且体现在生活生产方式上，这也为分析民族语源地名时空分布的影响因素提供了依据。

语源地名的命名能在一定程度上反映该地区的地域文化特点，如地名"图们"，满语的意思为河源；地名"加格达奇"，满语的意思为樟子松生长的地方；地名"牡丹江"满语的意思为弯弯曲曲的河流。满族的生产活动以渔猎、狩猎及采集为主，满语地名体现了北方渔猎民族的特色（吕丹，2014）。满语地名以河流作为主要的命名依据，如牡丹江是由流经其境内的牡丹江命名得来，从满语"牡丹乌拉"转译而来；"乌拉"为江川之意，其含义为弯曲的江。地名也可反映地理位置，如吉林来源于清朝的吉林乌拉城，"吉林"的满语含义为沿，体现该城建立在松花江沿岸，简称吉林。满语地名能体现人们生活生产方式，如法库县，位于辽河中游右侧，名称来源于柳条边的"法库边门"，"法库"的满语含义为鱼梁，即为捕鱼的矮堰，体现渔猎的生活方式；舒兰市的"舒兰"满语的意思为果实，因采集进贡山果之地而得名，体现了满族采摘的传统生产活动。部分地名能体现满族的狩猎特点，如木兰县以木兰达河得名，"木兰达"的满语含义为围场；穆棱市的"穆棱"满语意思为马；伊春市的"伊春"满语意思为衣料皮子的地方。满语地名同时也体现了人们对于环境寄予的愿景，如巴彦旧名为巴彦苏苏，"巴彦"的满语含义为富裕，"苏苏"意为屋子。

部落名称是蒙古语地名的主要依据，蒙古族世代居住于蒙古高原地区，有着悠久的历史文化，部落是蒙古族的主要组织形式，如科尔沁、奈曼、扎鲁特等都为部落名称。蒙古语地名的命名结合时间和地理方位，如陈巴尔虎旗、新巴尔虎左旗和新巴尔虎右旗。"巴尔虎"是蒙古族喀尔喀部落之一的部落名称，由于巴尔虎人迁移到呼伦贝尔的时间不同，先来的称为陈巴尔虎，后来者称为新巴尔虎，并且蒙古语称东为左，称西为右，所以得到如此相似的地名名称。蒙古语地名的命名同时与自然环境相关，如锡林浩特，"锡林"为蒙古族部落名称，意为山丘或者草原，"浩特"在蒙古语中原指水草旁的聚居地，蒙古族作为游牧民族，"浩特"有非固定经常搬迁的含义，而近代"浩特"逐渐变为固定的城堡即城市，锡林浩特意为草原或者山城。反映蒙古族游牧特色的地名如昂昂溪，为齐齐哈尔市市辖区，由蒙古语"昂昂气""昂阿奇"音译得来，为狩猎场的意思。

达斡尔语地名多根据自然地理环境进行命名，虽然达斡尔语地名数量较少，但其命名与达斡尔族的传统生产生活一致。作为北方渔猎民族，达斡尔语地名主要与自然植被和河流相关，如阿荣旗，是由境内的阿伦河得名，阿伦和阿荣为同词异义，达斡尔语意为干净、清洁，因该河水洁净而得名。地名命名也与狩猎活动及地形密切相关，如莫力达瓦达斡尔族自治旗，"莫力达瓦"在达斡尔语中的含义为马形岭。达斡尔语地名还在一定程度上体现了地理及自然环境，如齐齐哈尔市为达斡尔语"奇察哈尔""齐齐哈喇"的音译，为边城、边地之意；梅里斯达斡尔族区，"梅里斯"为"米勒斯"的音译，达斡尔语的含义为冰。

鄂伦春族和鄂温克族的地名数量则较少，这两个民族主要生活在大兴安岭地区及嫩江流域，该地区物产资源丰富，人们以渔猎为主要生产方式。这两个民族的地名均能体现其生活环境及生产方式，如鄂伦春自治旗，其中"鄂伦春"在鄂伦春语中的意思为使用驯鹿的人或山岭上的人。齐奇岭村，鄂伦春语的含义为矗立的石峰；加格达奇区，其名称在鄂伦春语中有樟子松的含义；塔尔根镇，鄂伦春语的意思为山脚下多塔头甸子的地方。鄂温克族自治旗中"鄂温克"在鄂温克语中的含义为住在大山林中的人，沃勒莫丁村的鄂温克语含义为杨树丛生的河湾。

赫哲语无文字，其语言使用者主要生活在黑龙江、松花江、乌苏里江沿岸的三江流域地区，以赫哲语命名的地名数量较少。街津口赫哲族乡，"街津"是由赫哲语"盖津"转音得来，赫哲人盖津最先居住于此故得名。富锦市位于松花江下游，"富锦"的赫哲语含义为岗。而锡伯语与满语均属于通古斯语族满语支，语言上有很大的相似性，且由于锡伯族在清朝时期迁移至新疆地区，在东北地区的地名基本已易为其他名称，仅存极少历史地名，故不纳入本书研究。

东北地区的汉语地名，多为近代移民所命名，故与移民相关活动有关。如瓦房店市，为清朝康熙时期在此地盖瓦房开店得名。同时，汉语地名也体现对迁移地寄予的愿望，如康平县，清朝中期有康姓的移民来此垦荒，故名康家屯，当时辽河泛滥，取"康平"为康乐太平之意。部分地名体现移民的生产生活情况，如北票市，清朝时期发放龙票（即窑照）许可开采煤矿，因该地四处均在朝阳以北，称为北四票，简称北票。也有地方利用汉语地名来体现其行政区划的方位和行政区划变更改名的情况，如东宁市，因位于宁安之东而得此名称；通榆县为开通、瞻榆二县合并，其名取两县尾字得到。

2.3.2　地名由来分布特征

本书研究的数据主要是汉化后的阿尔泰语系语言地名，首先利用GIS方法来分析能否利用汉化后的不同语源地名，反映其所代表的语言文化空间分布情况；其次利用标准离差椭圆的方法，分析各语源地名点的空间分布趋势，反映各语源地名的集中趋势、分散性和方向性，通过比较椭圆大小、形状和重叠部分，分析各语源地名与语言文化的空间分布关系，并且基于显示的各个语源的分布聚集区域，探讨是否可以利用汉化后的各语源地名来反映东北地区的地名文化分布情况；最后利用标准差椭圆方法，分析各个语源地名分布的大体位置及方向性，并与文献中的语言文化分布范围进行对比分析，通过与语言文化地理的空间位置进行对比（潘玉军等，2014），发现这些语源地名的椭圆可以反映语言的分布情况，证明可以利用汉化后的各语源地名来分析东北地区地域文化的分布情况。

  通过标准差椭圆分析发现，满语地名及其椭圆主要范围在东北的中部平原及南部山地区域，且发现满语地名的空间椭圆分布与清朝后期的城镇空间分布范围较为一致。东北地区以满语为来源语言的地名较多，主要原因是东北地区为满族发祥地，对于地名具有重要影响。满语地名分布特征与满族的生产生活方式相吻合，多分布在平原地区，有着固定的居住场所，由于所在地有着丰富的物产资源，因此兼有渔猎、狩猎、采集等经济生活方式。

  分布范围较广的是蒙古语地名，主要在今内蒙古自治区内，其地名数量仅少于满语地名。满族和蒙古族在清朝时期作为东北地区的主要居住者，分布在东北的大部分地区。这是因为蒙古族曾在元朝时期是主要民族，而且在清朝时期建立了清朝八旗制度之一的蒙古八旗。而满语和蒙古语地名，以大兴安岭为分界线，满语地名分布在东三省地区，蒙古语地名分布在大兴安岭中部。这是因为自古以来蒙古部落大多分布在今内蒙古自治区范围，从契丹、室韦时期就居于兴安岭以西（今呼伦贝尔）地区，基本形成居住于东北地区西部草原与沙漠地带的格局，该地区多是草原的生态类型，符合蒙古族作为游牧民族的生活场所。

  达斡尔语、鄂伦春语、鄂温克语地名多分布在兴安岭以北、嫩江流域。而由于对应人口数量稀少，所以聚落的发展规模较小，且多居住在较为偏远地区。达斡尔语地名的分布范围为嫩江流域，"达斡尔"意即"开拓者"，17世纪中叶因中俄边疆战事，达斡尔族离开了世居的黑龙江北岸，迁往嫩江流域，逐渐形成了现在的分布的状况。鄂伦春语地名的分布范围为大兴安岭地区，"鄂伦春"一词有两种含义：一为使用驯鹿的人；二为山岭上的人。和鄂伦春语较为相近的是鄂温克语，其分布范围为大兴安岭，其意思是"住在大山林中的人们"，鄂温克族从黑龙江北岸迁入嫩江流域，其民族生产方式主要是依靠大兴安岭的丰富资源进行游牧狩猎。东北地区各地地名由来分析见表2-3。

表2-3   **东北地区各地地名由来分析**

地名	语源	由来类型
阿城区	满语	水文

续表

地名	语源	由来类型
阿尔山市	蒙古语	水文
阿鲁科尔沁旗	蒙古语	地理
阿荣旗	达斡尔语	水文
安达市	满语	人文
安图县	满语	地理
鞍山市	满语	自然
敖汉旗	蒙古语	人文
巴林右旗	蒙古语	人文
巴林左旗	蒙古语	人文
巴彦县	满语	人文
白城市	蒙古语	自然
白山市	汉语	自然
拜泉县	蒙古语	水文
宝清县	满语	自然
北安市	汉语	人文
北镇市	汉语	自然
北票市	汉语	历史
本溪满族自治县	满语	水文
本溪市	汉语	自然
宾县	汉语	历史
勃利县	满语	自然
昌图县	蒙古语	水文
朝阳市	汉语	自然
朝阳县	汉语	自然

地名	语源	由来类型
陈巴尔虎旗	蒙古语	人文
赤峰市	蒙古语	地理
大安市	汉语	行政
大连市	满语	水文
大庆市	满语	自然
大石桥市	汉语	自然
大洼区	汉语	自然
大兴安岭地区	满语	自然
丹东市	汉语	历史
德惠市	汉语	行政
灯塔市	汉语	人文
东丰县	汉语	人文
东港市	汉语	自然
东辽县	汉语	自然
东宁市	满语	地理
杜尔伯特蒙古族自治县	蒙古语	自然
敦化市	满语	地理
额尔古纳市	蒙古语	水文
鄂伦春自治旗	鄂伦春语	地理
鄂温克族白治旗	鄂温克语	地理
法库县	满语	地理
方正县	满语	自然
凤城市	汉语	自然
扶余市	汉语	历史

续表

地名	语源	由来类型
抚顺市	汉语	历史
抚顺县	汉语	人文
抚松县	汉语	人文
抚远市	满语	地理
阜新蒙古族自治县	蒙古语	民族
阜新市	汉语	自然
富锦市	满语	人文
富裕县	满语	地理
盖州市	汉语	历史
甘南县	满语	水文
根河市	蒙古语	水文
公主岭市	汉语	人文
哈尔滨市	满语	人文
海城市	汉语	历史
海拉尔区	鄂温克语	水文
海林市	满语	水文
海伦市	满语	自然
和龙市	满语	地理
鹤岗市	汉语	自然
黑河市	满语	水文
黑山县	汉语	自然
呼兰区	满语	人文
呼玛县	达斡尔语	水文
葫芦岛市	汉语	自然

续表

地名	语源	由来类型
虎林市	满语	自然
桦川县	汉语	自然
桦甸市	汉语	行政
桦南县	汉语	自然
桓仁满族自治县	满语	民族
珲春市	满语	地理
辉南县	满语	水文
霍林郭勒市	蒙古语	水文
鸡东县	汉语	自然
鸡西市	满语	自然
吉林市	满语	水文
集安市	汉语	人文
集贤县	满语	人文
佳木斯市	赫哲语	水文
嘉荫县	满语	水文
建昌县	汉语	行政
建平县	汉语	行政
江源区	汉语	地理
蛟河市	满语	水文
锦州市	汉语	自然
靖宇县	满语	水文
九台区	汉语	行政
喀喇沁旗	蒙古语	人文
喀喇沁左翼蒙古族自治县	蒙古语	人文

续表

地名	语源	由来类型
开鲁县	汉语	人文
开原市	汉语	历史
康平县	汉语	人文
科尔沁右翼前旗	蒙古语	人文
科尔沁右翼中旗	蒙古语	人文
科尔沁左翼后旗	蒙古语	人文
科尔沁左翼中旗	蒙古语	人文
克东县	汉语	行政
克山县	蒙古语	地理
克什克腾旗	蒙古语	地理
库伦旗	蒙古语	人文
宽甸满族自治县	满语	民族
兰西县	满语	水文
梨树区	汉语	自然
辽阳市	汉语	历史
辽阳县	汉语	历史
辽源市	蒙古语	自然
辽中区	满语	人文
林甸县	汉语	人文
林口县	满语	自然
林西县	汉语	地理
临江市	汉语	自然
凌海市	汉语	自然
凌源市	蒙古语	水文

续表

地名	语源	由来类型
柳河县	汉语	自然
龙江县	鄂温克语	人文
龙井市	汉语	人文
萝北县	满语	自然
满洲里市	鄂伦春语	水文
梅河口市	满语	水文
密山市	汉语	自然
明水县	汉语	自然
莫力达瓦达斡尔族自治旗	达斡尔语	地理
漠河市	鄂伦春语	水文
牡丹江市	满语	水文
木兰县	满语	水文
穆棱市	满语	自然
奈曼旗	蒙古语	人文
讷河市	满语	水文
嫩江市	满语	人文
宁安市	满语	人文
宁城县	汉语	历史
农安县	满语	人文
盘锦市	汉语	行政
盘山县	汉语	历史
磐石市	汉语	自然
普兰店区	满语	自然
七台河市	满语	自然

续表

地名	语源	由来类型
齐齐哈尔市	蒙古语	地理
前郭尔罗斯蒙古族自治县	蒙古语	水文
乾安县	汉语	人文
青冈县	汉语	历史
清原满族自治县	满语	民族
庆安县	汉语	人文
饶河县	满语	水文
尚志市	满语	水文
沈阳市	汉语	地理
舒兰市	满语	自然
双城区	满语	人文
双辽市	汉语	行政
双鸭山市	满语	自然
四平市	满语	地理
松原市	蒙古语	自然
绥滨县	满语	地理
绥芬河市	满语	水文
绥化市	满语	自然
绥棱县	满语	自然
绥中县	汉语	人文
孙吴县	汉语	人文
塔河县	达斡	水文
台安县	汉语	行政
泰来县	蒙古语	人文

地名	语源	由来类型
汤原县	满语	水文
洮南市	汉语	自然
调兵山市	汉语	自然
铁力市	汉语	历史
铁岭市	汉语	历史
铁岭县	汉语	历史
通河县	满语	地理
通化市	满语	人文
通化县	满语	人文
通辽市	蒙古语	地理
通榆县	汉语	行政
同江市	满语	地理
突泉县	汉语	自然
图们市	满语	水文
瓦房店市	汉语	人文
汪清县	满语	自然
望奎县	满语	人文
翁牛特旗	蒙古语	人文
乌兰浩特市	蒙古语	地理
五常市	满语	地理
五大连池市	满语	人文
西丰县	汉语	人文
新巴尔虎右旗	蒙古语	人文
新巴尔虎左旗	蒙古语	人文

续表

地名	语源	由来类型
新宾满族自治县	满语	民族
新民市	汉语	历史
兴城市	汉语	历史
岫岩满族自治县	满语	民族
逊克县	满语	水文
牙克石市	满语	水文
延吉市	满语	自然
延寿县	满语	地理
伊春市	满语	自然
伊通满族自治县	满语	自然
依安县	蒙古语	人文
依兰县	满语	人文
义县	汉语	历史
营口市	汉语	自然
永吉县	汉语	人文
友谊县	汉语	人文
榆树市	汉语	自然
扎赉特旗	蒙古语	地理
扎兰屯市	满语	人文
扎鲁特旗	蒙古语	人文
彰武县	满语	自然
长白朝鲜族自治县	朝鲜语	地理
长春市	汉语	地理
长岭县	汉语	自然

续表

地名	语源	由来类型
肇东市	汉语	自然
肇源县	汉语	历史
肇州县	满语	自然
镇赉县	汉语	行政
庄河市	汉语	自然

3 东北地区现今地名和人口空间分布分析

3.1 东北地区地名空间分布格局

3.1.1 地名语源空间分布特征

本书将所有地名按照所在县域范围统计，计算每个县域所有地名的个数，其中锡伯、赫哲和朝鲜等民族语源地名如前文地名数据分析所述，不进行后续的空间分析，故统一划分为其他进行统计。结果显示，地名数量较大的地区主要在辽宁省西部、吉林省西部以及靠近华北的内蒙古南部地区。东北地区所有地名在各县的个数分布，最高的是沈阳市，在市辖区范围内有61个地名。其他拥有较多地名个数的县域单元，依次是赤峰市（39）、阜新蒙古族自治县（37）、昌图县（31）、大连市（31）、大庆市（30）、翁牛特旗（30）、长岭县（30）。其他县域区域单元的总地名个数均小于30。

按照不同语源分析，满语地名主要分布在吉林省，主要集中在长白山以及松花江地区，这种分布与满语文化相一致。先秦时期的肃慎人就在此区域分布，此后人们认为长白山地区是东北文化发祥地，并将长白山作为圣山进行拜祭。其中，满语地名集中在长白山和松花江地区的主要县级单位有绥中县（12）、双城区（10）、永吉县（8）、九台区（7）、宁安市（7）、西丰县（7）、敦化市（5）、开原市（5）、汪清县（5）、五常市（5）。而满语地名分布最多的地区是兴城市，整个县域范围的满语地名达到19个；满语地名个数较多的县级单位还有绥中县（12）和义县（10），这是由于这两个县级单位坐落在山海关地区，而山海关地区作为连接东北地区和华北地区的交通要塞，有着重要的战略地位。

东北地区的汉语地名个数远大于其他语源地名，是组成东北地区地名的主要部分。东北地区的汉语地名的空间分布与总体地名的空间分布相近，汉语地名个数较多的县级行政单元以平原地区为主，其中汉语地名数目最多的是沈阳市，作为辽宁省省会及东北地区的最大城市，沈阳市市辖区范围内汉语地名个数多达55个。汉语地名个数较多的县域单位有赤峰市（36）、阜新蒙古族自治县（35）、长岭县（30）、昌图县（29）、大连市（28）、大庆市（28）。

蒙古语地名主要分布在内蒙古地区，这与蒙古族一直以来的空间活动范围相一致。其中蒙古语地名个数最多的是巴林右旗和科尔沁右翼中旗，达到16个。县级行政区域范围内蒙古语地名个数超过10个的有：阿鲁科尔沁旗（14）、科尔沁左翼中旗（14）、新巴尔虎右旗（12）、新巴尔虎左旗（12）、扎鲁特旗（12）、科尔沁左翼后旗（11）、翁牛特旗（10）。从中同样发现这些地名的命名具有蒙古族文化特点。

达斡尔语地名个数较少，且分布较为集中，主要分布在嫩江流域，其中达斡尔语地名最多的是齐齐哈尔市，市辖区范围内的达斡尔语地名达到5个；其次是讷河市和嫩江市，在它们的县域范围内都有3个达斡尔语地名。阿荣旗、泰来县、富裕县、甘南县、孙吴县、黑河市、呼玛县、塔河县、莫力达瓦达斡尔族自治旗、扎兰屯市、鄂温克族自治旗均有1个达斡尔语地名。

  鄂伦春语地名的个数同样较少且较为聚集，主要分布在嫩江和黑龙江地区。其中鄂伦春语地名最多的县域地区为逊克县，在其县域范围内有 3 个鄂伦春语地名。而呼玛县、塔河县以及大兴安岭地区在其县域范围内分别有 2 个鄂伦春语地名，而漠河市、黑河市、满洲里市、鄂伦春自治旗和扎兰屯市的县域范围内有 1 个鄂伦春语地名。

  与达斡尔语地名以及鄂伦春语地名的分布相类似，鄂温克语地名的个数同样较少，主要分布在嫩江地区，其中在县级区域范围内鄂温克地名最多的是阿荣旗，其鄂温克语地名个数为 3 个，其次是扎兰屯市、莫力达瓦达斡尔族自治旗以及讷河市，在其县域范围分别有 2 个鄂温克语地名。而科尔沁左翼中旗、通榆县、龙江县、五大连池市、鄂温克族自治旗、海拉尔区、陈巴尔虎旗和根河市都有 1 个鄂温克语地名。

  东北地区各地地名语源统计见表 3-1。

表 3-1   东北地区各地地名语源统计

地名	汉语	满语	蒙古语	达斡尔语	鄂温克语	鄂伦春语	其他	总计
阿城区	11	4	0	0	0	0	0	15
阿尔山市	3	0	0	0	0	0	0	3
阿鲁科尔沁旗	11	0	14	0	0	0	0	25
阿荣旗	8	1	0	1	3	0	0	13
安达市	9	1	0	0	0	0	0	10
安图县	8	2	0	0	0	0	0	10
鞍山市	10	1	0	0	0	0	0	11
敖汉旗	27	0	2	0	0	0	0	29
巴林右旗	3	0	16	0	0	0	0	19
巴林左旗	16	0	6	0	0	0	0	22
巴彦县	15	1	0	0	0	0	0	16
白城市	8	0	1	0	0	0	0	9
白山市	6	0	0	0	0	0	0	6
拜泉县	21	0	1	0	0	0	0	22
宝清县	9	1	0	0	0	0	0	10
北安市	7	0	0	0	0	0	1	8

续表

地名	汉语	满语	蒙古语	达斡尔语	鄂温克语	鄂伦春语	其他	总计
北镇市	23	0	0	0	0	0	0	23
北票市	19	0	2	0	0	0	0	21
本溪满族自治县	10	2	0	0	0	0	0	12
本溪市	10	1	0	0	0	0	1	12
宾县	16	1	0	0	0	0	0	17
勃利县	9	1	0	0	0	0	1	11
昌图县	29	1	1	0	0	0	0	31
朝阳市	26	0	2	0	0	0	0	28
朝阳县	3	0	0	0	0	0	0	3
陈巴尔虎旗	2	0	7	0	1	0	0	10
赤峰市	36	1	1	0	0	0	1	39
大安市	23	0	1	0	0	0	0	24
大连市	28	3	0	0	0	0	0	31
大庆市	28	2	0	0	0	0	0	30
大石桥市	14	0	0	0	0	0	0	14
大洼区	20	0	0	0	0	0	1	21
大兴安岭地区	10	1	0	0	0	2	0	13
丹东市	8	0	0	0	0	0	0	8
德惠市	19	0	0	0	0	0	0	19
灯塔市	15	0	0	0	0	0	0	15
东丰县	14	0	0	0	0	0	1	15
东港市	8	2	0	0	0	0	1	11
东辽县	12	1	0	0	0	0	0	13
东宁市	6	2	0	0	0	0	1	9
杜尔伯特蒙古族自治县	4	1	6	0	0	0	0	11
敦化市	9	5	0	0	0	0	0	14
额尔古纳市	7	0	1	0	0	0	0	8
鄂伦春自治旗	18	0	0	0	0	1	0	19

续表

地名	汉语	满语	蒙古语	达斡尔语	鄂温克语	鄂伦春语	其他	总计
鄂温克族自治旗	3	0	7	1	1	0	0	12
法库县	18	1	1	0	0	0	0	20
方正县	5	3	0	0	0	0	0	8
凤城市	13	1	1	0	0	0	0	15
扶余市	24	0	1	0	0	0	0	25
抚顺市	10	0	0	0	0	0	0	10
抚顺县	9	3	0	0	0	0	0	12
抚松县	14	1	0	0	0	0	0	15
抚远市	5	1	0	0	0	0	0	6
阜新蒙古族自治县	35	0	1	0	0	0	1	37
阜新市	7	0	0	0	0	0	0	7
富锦市	7	1	0	0	0	0	0	8
富裕县	7	1	0	1	0	0	0	9
盖州市	26	0	0	0	0	0	0	26
甘南县	7	1	0	1	0	0	0	9
根河市	6	0	1	0	1	0	0	8
公主岭市	23	2	0	0	0	0	0	25
哈尔滨市	7	2	0	0	0	0	0	9
海城市	24	1	0	0	0	0	0	25
海拉尔区	4	0	0	0	1	0	0	5
海林市	2	3	0	0	0	0	1	6
海伦市	21	1	0	0	0	0	0	22
和龙市	6	1	0	0	0	0	0	7
鹤岗市	1	1	0	0	0	0	0	2
黑河市	8	3	0	1	0	1	0	13
黑山县	23	3	0	0	0	0	0	26
呼兰区	12	2	0	0	0	0	0	14
呼玛县	5	0	0	1	0	2	0	8

续表

地名	汉语	满语	蒙古语	达斡尔语	鄂温克语	鄂伦春语	其他	总计
葫芦岛市	24	0	1	0	0	0	0	25
虎林市	8	2	0	0	0	0	0	10
桦川县	8	0	0	0	0	0	1	9
桦甸市	11	1	0	0	0	0	0	12
桦南县	10	1	0	0	0	0	0	11
桓仁满族自治县	8	1	0	0	0	0	4	13
珲春市	6	4	0	0	0	0	0	10
辉南县	14	2	0	0	0	0	1	17
霍林郭勒市	1	0	2	0	0	0	0	3
鸡东县	5	1	0	0	0	0	2	8
鸡西市	8	1	0	0	0	0	0	9
吉林市	14	2	0	0	0	0	0	16
集安市	6	0	0	0	0	0	1	7
集贤县	6	1	0	0	0	0	0	7
佳木斯市	10	0	0	0	0	0	1	11
嘉荫县	7	1	0	0	0	0	0	8
建昌县	26	0	1	0	0	0	0	27
建平县	15	0	2	0	0	0	0	17
江源区	5	0	0	0	0	0	0	5
蛟河市	9	3	0	0	0	0	1	13
锦州市	9	0	0	0	0	0	0	9
靖宇县	2	1	0	0	0	0	0	3
九台区	5	7	0	0	0	0	1	13
喀喇沁旗	18	1	1	0	0	0	0	20
喀喇沁左翼蒙古族自治县	15	0	1	0	0	0	0	16
开鲁县	12	1	1	0	0	0	0	14
开原市	17	5	0	0	0	0	1	23
康平县	11	4	0	0	0	0	0	15
科尔沁右翼前旗	13	1	8	0	0	0	0	22
科尔沁右翼中旗	2	0	16	0	0	0	0	18

续表

地名	汉语	满语	蒙古语	达斡尔语	鄂温克语	鄂伦春语	其他	总计
科尔沁左翼后旗	8	0	11	0	0	0	0	19
科尔沁左翼中旗	12	0	14	0	1	0	0	27
克东县	9	0	0	0	0	0	0	9
克山县	14	0	1	0	0	0	0	15
克什克腾旗	21	0	1	0	0	0	0	22
库伦旗	3	0	5	0	0	0	0	8
宽甸满族自治县	8	1	0	0	0	0	0	9
兰西县	13	1	0	0	0	0	0	14
梨树区	17	2	0	0	0	0	0	19
辽阳市	13	0	0	0	0	0	0	13
辽阳县	15	3	0	0	0	0	0	18
辽源市	1	0	1	0	0	0	0	2
辽中区	19	1	0	0	0	0	0	20
林甸县	8	0	0	0	0	0	0	8
林口县	9	3	0	0	0	0	0	12
林西县	17	0	0	0	0	0	0	17
临江市	8	0	0	0	0	0	0	8
凌海市	24	2	0	0	0	0	0	26
凌源市	7	0	3	0	0	0	0	10
柳河县	14	1	0	0	0	0	2	17
龙江县	21	0	0	0	1	0	0	22
龙井市	10	0	0	0	0	0	0	10
萝北县	5	1	0	0	0	0	0	6
满洲里市	2	0	0	0	0	1	0	3
梅河口市	16	2	0	0	0	0	1	19
密山市	15	0	0	0	0	0	0	15
明水县	12	0	0	0	0	0	0	12
莫力达瓦达斡尔族自治旗	16	0	0	1	2	0	0	19

续表

地名	汉语	满语	蒙古语	达斡尔语	鄂温克语	鄂伦春语	其他	总计
漠河市	3	1	0	0	0	1	0	5
牡丹江市	1	2	0	0	0	0	0	3
木兰县	9	1	0	0	0	0	0	10
穆棱市	7	1	0	0	0	0	0	8
奈曼旗	10	0	9	0	0	0	0	19
讷河市	13	3	0	3	2	0	0	21
嫩江市	11	1	0	3	0	0	0	15
宁安市	4	7	0	0	0	0	2	13
宁城县	23	0	0	0	0	0	0	23
农安县	22	2	0	0	0	0	0	24
盘锦市	6	0	0	0	0	0	0	6
盘山县	15	0	0	0	0	0	0	15
磐石市	13	2	0	0	0	0	0	15
普兰店区	11	2	0	0	0	0	0	13
七台河市	2	1	0	0	0	0	0	3
齐齐哈尔市	9	2	1	5	0	0	0	17
前郭尔罗斯蒙古族自治县	19	0	5				0	24
乾安县	15	0	0	0	0	0	0	15
青冈县	14	0	0	0	0	0	0	14
清原满族自治县	11	1	0	0	0	0	0	12
庆安县	13	0	0	0	0	0	0	13
饶河县	5	2	0	0	0	0	1	8
尚志市	16	2	0	0	0	0	1	19
沈阳市	55	1	0	0	0	0	5	61
舒兰市	15	4	0	0	0	0	0	19
双城区	12	10	0	0	0	0	1	23
双辽市	10	0	0	0	0	0	0	10
双鸭山市	6	1	0	0	0	0	0	7
四平市	1	1	0	0	0	0	0	2

续表

地名	汉语	满语	蒙古语	达斡尔语	鄂温克语	鄂伦春语	其他	总计
松原市	7	0	2	0	0	0	0	9
绥滨县	7	2	0	0	0	0	0	9
绥芬河市	1	1	0	0	0	0	0	2
绥化市	12	4	0	0	0	0	1	17
绥棱县	11	1	0	0	0	0	0	12
绥中县	13	12	0	0	0	0	0	25
孙吴县	8	0	0	1	0	0	0	9
塔河县	2	0	0	1	0	2	0	5
台安县	15	0	0	0	0	0	0	15
泰来县	8	0	6	1	0	0	0	15
汤原县	9	1	0	0	0	0	1	11
洮南市	15	1	2	0	0	0	0	18
调兵山市	4	0	0	0	0	0	0	4
铁力市	7	0	0	0	0	0	0	7
铁岭市	3	0	0	0	0	0	0	3
铁岭县	14	3	0	0	0	0	0	17
通河县	7	1	0	0	0	0	0	8
通化市	7	1	0	0	0	0	0	8
通化县	16	2	0	0	0	0	2	20
通辽市	14	0	2	0	0	0	0	16
通榆县	11	0	6	0	1	0	0	18
同江市	8	1	0	0	0	0	2	11
突泉县	13	0	0	0	0	0	0	13
图们市	2	2	0	0	0	0	0	4
瓦房店市	16	2	0	0	0	0	0	18
汪清县	5	5	0	0	0	0	0	10
望奎县	12	3	0	0	0	0	0	15
翁牛特旗	20	0	10	0	0	0	0	30
乌兰浩特市	0	0	1	0	0	0	0	1

地名	汉语	满语	蒙古语	达斡尔语	鄂温克语	鄂伦春语	其他	总计
五常市	20	5	0	0	0	0	0	25
五大连池市	10	2	0	0	1	0	0	13
西丰县	11	7	0	0	0	0	0	18
新巴尔虎右旗	1	0	12	0	0	0	0	13
新巴尔虎左旗	1	0	12	0	0	0	0	13
新宾满族自治县	8	4	0	0	0	0	0	12
新民市	26	0	0	0	0	0	0	26
兴城市	4	19	0	0	0	0	0	23
岫岩满族自治县	20	2	0	0	0	0	0	22
逊克县	7	1	0	0	0	3	0	11
牙克石市	11	1	0	0	0	0	0	12
延吉市	0	1	0	0	0	0	0	1
延寿县	8	1	0	0	0	0	0	9
伊春市	18	1	0	0	0	0	0	19
伊通满族自治县	10	2	0	0	0	0	0	12
依安县	15	0	1	0	0	0	0	16
依兰县	7	2	0	0	0	0	1	10
义县	10	10	0	0	0	0	0	20
营口市	5	0	0	0	0	0	0	5
永吉县	11	8	0	0	0	0	1	20
友谊县	8	0	0	0	0	0	1	9
榆树市	26	1	0	0	0	0	1	28
扎赉特旗	12	0	8	0	0	0	0	20
扎兰屯市	13	1	0	1	2	1	0	18
扎鲁特旗	5	0	12	0	0	0	0	17
彰武县	17	3	3	0	0	0	0	23
长白朝鲜族自治县	5	0	0	0	0	0	1	6
长春市	13	1	0	0	0	0	1	15
长岭县	30	0	0	0	0	0	0	30

续表

地名	汉语	满语	蒙古语	达斡尔语	鄂温克语	鄂伦春语	其他	总计
肇东市	22	0	0	0	0	0	0	22
肇源县	5	2	9	0	0	0	0	16
肇州县	12	1	1	0	0	0	0	14
镇赉县	8	0	8	0	0	0	0	16
庄河市	12	4	0	0	0	0	0	16

3.1.2 各语源地名空间自相关

因为东北地区各语源地名的个数相差过大，本书基于各语源地名的比例进行分析，利用Geoda软件以东北地区各县域范围作为研究单位，将各个语源地名个数占县域单元总个数的比例进行Moran's I指数分析，分析东北地区各语源地名的空间自相关性。表3-2显示，东北地区的各语源地名都具有显著的空间自相关性。

表3-2 　　　　　　　**各语源地名的空间自相关性**

地名语源	Moran's I	E [I]	Mean	Sd	Z value
满语	0.3331	−0.0045	−0.0049	0.0416	8.1193
汉语	0.2985	−0.0045	−0.0320	0.0418	7.2168
蒙古语	0.4728	−0.0045	−0.0052	0.0409	11.7001
达斡尔语	0.4142	−0.0045	−0.0026	0.0400	10.4163
鄂伦春语	0.3547	−0.0045	−0.0050	0.0378	9.5217
鄂温克语	0.2681	−0.0045	−0.0062	0.0372	7.3794

本书通过各语源地名比例的Moran's I指数分析各语源地名空间分布的自相关性。通过表3-1可以计算各语源地名的比例，经过999次模拟运算之后，结果均具有统计显著性，其中蒙古语地名的自相关性最高达到0.4728，其次为达斡尔语地名为0.4142，并且都有着较高的Z值，说明都具有较高的空间聚集程度。鄂伦春语地名的空间自相关性为0.3547，稍大于满语地名（0.3331）。而汉语地名和鄂温克语地名的空间

自相关性相对较低，分别为0.2985和0.2681。

标准化之后得到满语地名在各县域单元比例的 Moran's I 散点分布，其中的 X 轴表示满语地名比例标准化之后的值，Y 轴表示满语地名比例的空间滞后值。满语地名的空间自相关指数为0.3331，主要落在第一、第二和第三象限，其中第一象限说明满语地名的比例较高地区周围同样是满语地名比例较高的地区，为正相关区域。第二象限说明满语地名比例较低的地区包围着一些满语地名比例较高的地区，呈现空间负相关性。第三象限说明在满语地名比例较低地区同样聚集着满语地名比例较低的地区。第四象限满语地名分布较少，表示满语地名比例较高地区，其周围有较少满语地名比例较低地区。从整体上，满语地名的空间分布呈现较高的正空间自相关性。

根据汉语地名的空间自相关散点分布，我们发现汉语地名主要集中在第一象限，即具有较高汉语地名比例的县域单元，其周围同样是有着较高汉语地名比例的区域。第三象限的分布说明汉语地名比例较低的县域单元附近，有着汉语地名比例也较低的县域单元，呈现正相关性。第四象限的散点分布较多，说明有着较高比例汉语地名比例的县域单元，其附近有着较多比例较低的县域单元分布。

根据蒙古语地名的空间自相关散点分布，我们发现蒙古语地名主要分布在第一象限，表明蒙古语地名比例较高地区周围主要是蒙古语地名比例较高的县域单元。第二象限说明蒙古语地名比例较低的地区周围是蒙古语地名比例较高的地区。还有部分分布在第三象限，表明分布地区是蒙古语地名比例较低地区的聚集。但是整体上，蒙古语地名县域单元的空间分布呈现正的空间自相关性。

达斡尔语、鄂伦春语以及鄂温克语地名比例在县域单元空间自相关方面有着一定的相似性。空间自相关散点主要集中在第一象限和第二象限。其中，第一象限分布较多，说明在地名比例较高的地区，同样包围着比例较高的地区。而第二象限主要表明，经过标准化后，在地名比例较低地区，周围有着地名比例较高的地区，呈现县域单元的部分负相关性。但是整体上来自这三个语源的地名比例在县域单元上都有着较强的正空间自相关性。

3.1.3　各语源地名空间热点

计算满语地名比例的冷热点，发现满语地名较多的县域单元同样主要集中在长白山、松花江以及牡丹江地区，其中珲春市、图们市、龙井市、延吉市、汪清县、敦化市、宁安市、东宁市、牡丹江市、五常市、海林市、林口县聚集的热点地区有99%的置信水平，吉林市市辖区、蛟河市、永吉县、舒兰市、尚志市、穆棱市、绥芬河市的聚集达到95%的置信水平，阿城区、榆树市、桦甸市的置信水平为90%。山海关地区的绥中县和兴城市同样具有99%的置信水平。这同样反映了满语地名文化景观的聚集地点主要在长白山地区。满语地名比例的冷点县域单元主要分布在内蒙古地区，如敖汉旗、翁牛特旗、奈曼旗、开鲁县、科尔沁左翼中旗、科尔沁右翼中旗、新巴尔虎左旗，以及距离内蒙古较近的朝阳市、建平县、通榆县、洮南市、拜泉县，说明满语地名文化景观聚集区域远离蒙古族所在地。

依据汉语地名比例分布的热点分析发现，热点区域在黑龙江省拜泉县、明水县、安达市、庆安县，吉林省的农安县、公主岭市、临江市，以及辽宁省的沈阳市、辽中区、黑山县、台安县、辽阳县、黑城市、大石桥市、大洼区以及朝阳市。我们发现汉语地名主要包围在省会城市附近，说明汉语地名同样在省会附近的县域单元有一定聚集。而在长白山地区的珲春市、汪清县、龙井市、图们市、延吉市、东宁市、绥芬河市、牡丹江市、宁安市、海林市，有一定的冷点聚集，这是由于这里之前是满族的聚居区，现在主要是以朝鲜族作为主要的分布人口。同样，在内蒙古地区有着一定程度的冷点聚集，原因是这里是蒙古族的聚集区，所以较少有汉族分布。

蒙古语地名比例集中在内蒙古自治区及其附近区域，这也同样代表了蒙古语地名文化的主要聚集地点。蒙古语地名的县域单元中比例较高的地区主要有海拉尔区、鄂温克族自治旗、满洲里市、新巴尔虎左旗、新巴尔虎右旗、阿尔山市、扎赉特旗、杜尔伯特蒙古族自治县、镇赉县、肇源县、大安市、白城市、洮南市、通榆县、科尔沁右翼前旗、突泉县、霍林郭勒市、科尔沁右翼中旗、扎鲁特旗、阿鲁科尔沁旗、巴林左旗、巴林右旗、翁牛特旗、临西县、奈曼旗、库伦旗、通辽市、开鲁县、科尔沁左翼中旗。

达斡尔语地名的热点区域主要集中在嫩江和黑龙江流域，主要有塔河县、呼玛县、鄂伦春自治旗、黑河市、孙吴县、嫩江市、五大连池市、讷河市、莫力达瓦达斡尔族自治旗、阿荣旗、甘南县、扎兰屯市、龙江县、富裕县、齐齐哈尔市、林甸县、杜尔伯特蒙古族自治县、泰来县，这些县域单元均在99%的置信水平上聚集，而漠河市和依安县在95%的水平上聚集。

鄂温克语地名的热点区域主要集中在额尔古纳河和嫩江流域附近，主要有额尔古纳市、鄂伦春自治旗、嫩江市、讷河市、莫力达瓦达斡尔族自治旗。阿荣旗、甘南县、扎兰屯市、鄂温克族自治旗、牙克石市、陈巴尔虎旗、海拉尔区在99%的置信水平上聚集；新巴尔虎旗、阿尔山市、克山县在95%的置信水平上聚集；在90%的置信水平上，五大连池市、龙江县、扎赉特旗、杜尔伯特蒙古族自治县成为鄂温克语地名的热点区域。

鄂伦春语地名的热点区域主要集中在嫩江和黑龙江流域，主要有漠河市、塔河县、大兴安岭地区、呼玛县、黑河市、孙吴县、嫩江市、鄂伦春自治旗、根河市、新巴尔虎右旗、满洲里市、新巴尔虎左旗、嘉荫县，以及在90%置信水平上聚集的逊克县、北安市、绥棱县。达斡尔语、鄂伦春语和鄂温克语三个语源地名的空间分布较为相近，说明地名文化具有相似性。

3.2　东北地区人口空间分布格局

3.2.1　人口空间分布特征

本书依据《中国2010年人口普查分民族人口资料》得到东北地区分县的人口数量分布情况。东北地区的总人口主要分布在松嫩平原地区，沈阳市市辖区（6 255 921）、长春市市辖区（4 193 073）以及哈尔滨市市辖区（4 517 550）作为东北三省的省会城市，拥有最多的人口分布，其周围同样有着较高的人口分布。其他具有较多人口的县域单位均是当前东北地区发展较好的大中型城市的市辖区，其中超过100万人口的城市，依次是大连市（4 165 680）、吉林市（1 975 120）、大庆市（1 649 830）、齐齐哈尔市（1 553 790）、鞍山市（1 544 080）、抚顺市（1 431 010）、赤峰市（1 333 530）、海城市（1 293 880）、榆树市（1 160 570）、本溪市（1 094 290）、公主岭市（1 092 940）、锦州市（1 091 800）、营口市（1 032 050）。

汉族人口在东北地区的分布同样集中在三个省会城市，其中沈阳市市辖区的汉族人口数达到5 656 149人，长春市市辖区的汉族人口数为3 998 510人，哈尔滨市市辖区的汉族人口数为4 376 510人。其他具有较多人口的城市与总人口的分布情况相类似，并且与现今城市的发展程度相一致。具有超过100万汉族人口的城市市辖区有大连市（3 998 510）、吉林市（1 756 319）、大庆市（1 611 837）、鞍山市（1 491 924）、齐齐哈尔市（1 481 940）、抚顺市（1 292 989）、海城市（1 252 553）、榆树市（1 143 323）、公主岭市（1 070 280）、赤峰市（1 025 240）。

3.2.2　人口空间自相关

由于各县域单位的人口数目差异过大，而本书主要是探讨分析汉族人口的空间分布范围，所以本书将各县域单元的汉族人口数目，作为每个县域单元的属性值进行分析。利用Geoda软件，分析东北地区各县域单元范围内汉族人口，得到各县域单元的人口都具有显著的空间自相关性。我们可以发现人口的比例值，经过999次模拟运算之后，汉族人口的Moran's I指数为0.4553，具有较高Z值，表明空间聚集程度较高。

根据各个县域单元人口与其空间滞后的分布，分析空间自相关具体聚集情况。汉族人口的比例分布主要自相关散点在第一和第三象限，说明这些区域空间人口比例呈现出正的相关性，即汉族人口比例较高的地区集中，或者是汉族人口比例较低的地区较为集中。部分分布在第四象限，这表明在汉族人口比例较高的地区，包围着汉族人口比例较低的地区，有一定的负相关性。

3.2.3　人口空间分布热点

分析汉族人口的空间分布热点情况，汉族人口在置信水平为90%的时候，在黑龙江省有着一定程度的聚集热点，主要的县域单元有富锦市、宝清县、桦川县、佳木斯市、桦南县、依兰县、伊春市、通河县、宾县、庆安县、绥化市、兰西县、安达市、青冈县、望奎县、林甸县、明水县、拜泉县、依安县、海伦市、北安市、五大连池市。同样置信水平较高的冷点聚集地区，主要有长白山地区的汪清县、图们市、龙井市、延吉市、和龙市，以及辽宁省的西丰县、清原满族自治县、新宾满族自治县、抚顺县、桓仁满族自治县、本溪满族自治县、宽甸满族自治县、凤城市、岫岩满族自治县、丹东市、东港市、阜新蒙古族自治县，这些区域是汉族人口的聚集冷点。在内蒙古地区还有一部分冷点，主要是新巴尔虎右旗、满洲里市、新巴尔虎左旗、鄂温克族自治旗、陈巴尔虎旗、阿尔山市、科尔沁右翼前旗、突泉县、科尔沁右翼中旗、霍林郭勒市、扎鲁特旗、科尔沁左翼中旗、开鲁县、通辽市、科尔沁左翼后旗、奈曼旗、阿鲁科尔沁旗、巴林左旗。

3.3　东北地区地名和人口空间回归分析

3.3.1　空间回归模型

通过以上分析可以得知地名所体现的地名文化景观分布与人口分布具有一定的相似性，并且都有着较强的空间自相关性。Moran's I 体现出各县域单元不再具有相互独立性，本书应用普通最小二乘法（OLS），以及空间滞后模型和空间误差模型，探讨各县域单元的地名比例与其人口比例的回归关系，分析探讨普通最小二乘法、空间滞后模型和空间误差模型中哪一个模型更符合实际情况，从而分析人口对其对应语源地名所代表文化的解释能力。计算得到回归分析结果，其中空间滞后模型和空间误差模型基于最大似然法来进行计算，结果中采用的为拟合系数。

汉语地名和汉族人口空间回归模型当中的 Rho 和 Lambda 同样都有

较强的统计显著性，说明应用空间回归模型更加适合。空间滞后模型和空间误差模型的扰动系数均为正相关，且通过显著性检验，说明空间滞后和空间误差的扰动均会有一定的影响。普通最小二乘法的可决系数为0.2086，空间滞后模型的拟合系数为0.3151，且空间误差模型的拟合系数0.3369较高，所以选用空间误差模型。其中空间误差模型的各项系数均为正，说明汉语地名和汉族人口具有较好的正相关性，可以利用地名来体现汉族文化的分布情况。

而汉族的空间误差模型回归系数为0.5046，说明汉语地名与人口的空间分布情况也存在一定差异性。历史时期的东北地区主要为各原住民的生活之地，而随着大量关中移民迁移至此，逐步形成了现今的汉族聚集区，虽然汉族已多于原住民，但已有的城镇名称并未变更，汉语地名多为汉族移民屯垦戍边后命名，故汉语地名与汉族人口的分布具有差异性（方修琦等，2005）。

研究发现东北地区的语源地名与对应人口的分布关系与是否发生过民族迁移有关。东北地区作为边疆地区同时也是多民族聚集地区，语源地名有助于研究中华民族共同体的发展与融合（肖超宇，2019）。汉文化的进入，推动了民族文化的融合，大量其他语言地名被汉化，而汉化后的语源地名同样可以体现历史时期分布的聚落基本格局。而目前文献资料对于历史时期的聚落分布范围的描述较为粗略，同时东北地区近百年来生态环境发生巨大变化，从历史时期的以自然植被为主（叶瑜等，2009）到现今以农耕为主，结合地名所展现的地理环境和传统生活生产活动，可以为东北地区历史时期的聚落活动范围及生活环境研究提供参考。

3.3.2 空间回归系数分布

依据上文分析得到的最优空间回归模型，计算每个县域单元的空间回归系数，并将此系数在对应的县域单元中进行分析，研究各语源地名与人口的空间回归关系，从而体现各语源地名在县域单元上的语言文化拟合情况。汉族人口和汉语地名空间回归系数较高的地区主要在松嫩平原上，其中回归系数最高的是青冈县（0.85294）。回归系数大于0.85的县域单元有肇州县（0.85218）、西兰县（0.85159）、依安县（0.85153）、农安县（0.85147）、林甸县（0.85142）、肇东市（0.85127）、安达市（0.85094）、扶余县（0.85073）、长岭县（0.85038）、甘南县（0.85025）、乾安县（0.8502）、绥棱县（0.85009）。这些回归系数较高的区域，在历史时期曾经是满族先人的空间活动区域，但是随着社会的发展，大量汉族移民进入，所以现今的松花江流域地区，主要是以汉族文化为主。同时，汉族回归系数较小的地区主要是在满族聚集以及蒙古族聚集的地区，说明汉语地名能够较好地反映出汉族的空间分布。

通过以上回归分析可知，分县所得到的各语源地名的空间分布，与《中国 2010 年人口普查分民族人口资料》所得到的分县汉族人口数据具有较强的空间相关性，且通过显著性检验得到最优的回归模型，从中可知通过不同语源地名，能够在空间上反映出一定程度其语言对应文化的空间分布特征。这说明地名文化景观的分布可以通过语源地名的空间分布来进行展示，并且由于地名具有长时间的存在性，可以在一定程度上反映历史时期的分布情况。

3.4 东北地区生态文化空间格局分析

3.4.1 生态景观多样性

通过上文分析可知，东北地区的各语源地名分布和人口分布具有较强的空间相关性，可以利用地名来反映当地文化的空间分布情况。文化的多样性与生态系统的多样性密切相关，本书选取与人口调查的年份一致的 2010 年陆地生态系统数据，分析东北地区的生态系统的景观多样性。并与地名代表的文化多样性做回归分析，从而探讨东北地区生态系统多样性与文化多样性的关系。

本书所研究的东北地区陆地生态系统，是根据 Landsat 遥感数据的土地利用/土地覆盖（LUCC）进行分类后得到的，其中陆地生态系统主要分为七大生态系统类型，具体划分见表 3-3。

表3-3   陆地生态系统分类表

代码	生态系统类型	土地利用/土地覆盖
1	农田生态系统	水田11、旱地12
2	森林生态系统	密林地（有林地）21、灌丛22、疏林地23、其他林地24
3	草地生态系统	高覆盖度草地31、中覆盖度草地32、低覆盖度草地33
4	水体与湿地生态系统	沼泽地64、河渠41、湖泊42、水库43、冰川与永久积雪44、滩地46
5	聚落生态系统	城镇51、农村居民地52、工矿53
6	荒漠生态系统	沙地61、戈壁62、盐碱地63、高寒荒漠67
7	其他生态系统	裸土地65、裸岩砾石地66

本书利用fragstats软件和香农多样性指数对东北地区的生态系统多样性进行分析。香农多样性指数（SHDI）是在景观级别上分析生态景观多样性的指数，在数值上等于各斑块类型的面积比与其自然指数的乘积，求和之后的负值。具体的公式为：

$$SHDI = -\sum_{i=1}^{n} p_i \ln(p_i) \tag{3.1}$$

式中：n是景观类型的数目；p_i为景观类型i所占的面积比例值。

SHDI=0说明整个生态系统的景观仅仅是由一个板块组成。而随着各种生态类型的增加，或者各种类型板块在景观中的分布呈现均衡化，香农多样性指数会逐渐增加，以此分析景观分布是否呈现均衡化，特别是分析破碎斑块对景观的影响。在整个景观上，生态类型越丰富，破碎化程度越高，则香农多样性指数越高。

计算可知香农多样性指数较高的县域单元主要集中在内蒙古地区，其中指数较高地区主要有大庆市（1.5763）、杜尔伯特蒙古族自治县（1.5324）、通榆县（1.509）、镇赉县（1.4992）、奈曼旗（1.4793）、大安市（1.4465）、科尔沁右翼中旗（1.3846）、肇源县（1.3826）、翁牛特旗（1.3728）、朝阳县（1.369）、库伦旗（1.3674）、扎赉特旗（1.3629）、科尔沁左翼后旗（1.3507）、齐齐哈尔市（1.3477）、科尔沁左翼中旗（1.3425）、五大连池市（1.3402）、前郭尔罗斯蒙古族自治县（1.3351）、北票市（1.3214）、义县（1.3315）。而香农多样性指数的数值越高，说明景观内生态系统类型越多。

3.4.2 生态文化多样性

从香农多样性的定义可知，这些区域拥有较为均衡的生态系统类型，同时这里也是多元文化的主要聚集区，本书通过分析两者之间的空间关系从而分析生态多样性和文化多样性的空间关系。通过前文的分析可知，语源地名文化具有一定的空间自相关性，选用地理加权模型（GWR）进行线性回归，可得到不同县域单元系数的空间变化情况。

基于前文的分析可知，语源地名可以在一定程度上反映当地文化的空间分布情况，本书用东北地区所有县域单元的语源地名与总地名之比，来反映各县域单元的地名文化景观空间分布情况。其中生态多样性与文化多样性回归系数较高的县域单元主要在内蒙古地区，主要的县域单元为克什克腾旗、赤峰市、敖汉旗、翁牛特旗、林西县、巴林右旗、巴林左旗、阿鲁科尔沁旗、开鲁县、通辽市、库伦旗、奈曼旗。回归系数较高的地区还有长白山地区的安图县、和龙市、龙井市、延吉市、图们市，说明生态多样性与文化多样性的分布有较强的相关性，生态系统景观多样性丰富地区的当地传统文化分布受到影响较小。

回归系数较小地区主要集中在辽宁省境内的满族自治县以及松花江和牡丹江流域，这里是满语地名的空间分布区域，与生态多样性的相关性为负值，说明地名文化聚集区域的生态多样性较小，而这种生态文化环境使得满语地名文化更易受到影响。系数同样为负值的地区还有嫩江流域，此区域是达斡尔语地名、鄂伦春语地名和鄂温克语地名的主要聚集区，说明随着聚集程度的增加，生态系统多样性逐渐减少。而这种生态文化环境下，一旦生态系统发生改变，所对应的地名文化也易受到影响，满语、达斡尔语、鄂伦春语、鄂温克语的地名文化都受到汉语文化的较大影响，其语言都被认为是濒危语言。生态文化多样性为正相关的内蒙古地区，在汉语影响下依旧能够保持蒙古语文化传统。

本书对东北地区的地名文化和人口的空间分布格局进行分析，通过对比空间分布特征，发现两者的空间分布具有一定相似性。通过空间回归分析，建立地名文化和人口的空间回归模型，表明两者存在较强的空间正相关性，利用县域单元体现了地名文化的空间聚集范围。基于陆地生态系统的香农多样性，与东北地区地名文化建立空间加权模型，结果表明蒙古语地名文化与生态景观多样性具有较强正相关性，而与满语地名、达斡尔语地名、鄂伦春语地名和鄂温克语地名文化分布地区具有一定负相关性，其传统文化更易受到生态系统变化带来的影响。

4 东北地区地名与生产方式空间分布
相关性分析

4.1 东北地区地名文化景观空间分布格局

4.1.1 ML地名文化景观空间分布格局

根据人口普查数据，现今满族主要分布在辽宁、河北，这两个省的满族人口数量占全国满族总人口数量的 72.26%，满族人口最多的省份辽宁占 51.38%，吉林、黑龙江、内蒙古和北京的满族人口占 23.13%，其他省份的满族人口均为零星分布，仅占 4.16%。

从前文的分析可知，东北地区的满族始于先秦时期的肃慎族系，其分布从黑龙江地区到现今满族人口的主要分布区辽宁，可以看出东北地区的满族时空分布的特点。满族人口分布的另一个特点是大杂居、小聚居，如在明朝时期以羁縻为组织形式的部落，以及清朝时期以八旗为组织形式，都是基于原始的狩猎编组形式，这种聚集型居住方式同样也是为了适应满族狩猎的生活方式。满族聚居区为河北、内蒙古、辽宁、吉林、黑龙江等省区，全国有11个县区级聚居区和144个乡镇级聚居区。

从满语地名的空间分布可知，满语地名主要分布在黑龙江省和吉林省地区，能够反映东北地区传统文化区。这是由于地名拥有的稳定性，并不随人口的迁移而改变，所以我们将根据地名词典判断为满语音译的地名，简称为ML（Manchu Language）。而满族聚居区的地名，虽然居民主要以满族为主，但其地名并非都来自满语，而主要是来自汉语，所以将现今满族聚居区的地名，包括满族自治县以及满族自治乡镇的地名，用MAR（Manchu Autonomous Regions）来表示。

本书利用每个地名的位置去展示在此居住的对应人口分布，然而并不是每个地名点的所有人都居住在这个地名点所在地，所以研究东北地区的地名文化景观分布情况是十分必要的。本书通过每个语源地名的所在位置和空间关系，利用核密度展示每个语源地名文化景观的空间分布格局。核密度表面展现的地名分布地区，本书即认为该地是进行生产生活的集中区域。基于地名进行核密度分析需要较多的地名数目，本节除满语地名以外，还增加了汉语地名和蒙古语地名一同考虑。利用统一的搜索半径，将东北地区的高度除以30，得到每个输出栅格的大小为1 000米×1 000米。

满族的前身女真主要分为三个部分，即松花江流域的海西女真、远东地区的野人女真（并不在现今的东北地区界限范围内），以及辽东地区的建州女真（程妮娜，2001）。出自建州左卫的努尔哈赤，从万历十一年（1583年）开始逐渐统一女真各部，并以血缘关系较为密切的建州、海西女真为主体，采取征战联姻等各种方式，联合东北地区的其他各个民族，建立八旗制度，将各部落统一编入八旗之中。而皇太极在天聪九年（1635年）将女真改称为满洲，满族正式形成。此区域也是满族在明朝时期，即建州女真与海西女真部落的所在地。ML地名的核密度的聚集区主要分布在宁古塔和吉林地区，这两个地区在清时期是东北主要的行政中心，即宁古塔将军和吉林将军。所以宁古塔地区和吉林地区的满语地名文化景观分布也高于其他地区。在清朝时期，由于松花江流域属于苦寒之地，除当地驻守的清朝官兵之外，仅有部分的原住民以及流放之人居住于此。

4.1.2 MAR地名文化景观空间分布格局

通过对于满族聚居地区（MAR）地名进行核密度分析，发现MAR地名的核密度主要集中在现今的辽宁省地区。这种分布格局说明现今的满族聚居区地名，包括满族自治县、满族自治乡和满族自治镇，分布范围与柳条边分布区域相一致。这种分布的原因与清朝建立的历史相关，努尔哈赤在统一女真各部之后，迁移至盛京（今沈阳）作为定都之地，使得一直居住在松花江流域的满族，随军迁徙到现在的辽宁省地区，逐渐形成今天的满族聚居地区。

MAR地名文化景观沿着柳条边的范围分布，主要是因为清政府1741年（乾隆六年）推行的东北地区全面封禁政策，建立了柳条边。东北地区作为"龙兴之地"，为了防止传统文化受到影响，清朝顺治帝设立柳条边，其主要目的是禁止汉人进入满族聚居区，以保持传统的"国语骑射"习俗。柳条边是一条用柳条篱笆修筑的封禁界线，柳条边共设边门21座（后减为20座）、边台168座，其分布类似于人字形，主要是从威远堡镇向东西两侧延伸，其中东段向东南到凤城市（1638—1661年），西段向西南至山海关并与长城相连（1648—1654年），此部分全长975千米，因修建时间较早而称"老边"。自威远堡镇向东北到吉林省吉林市北部的法特镇（1670—1681年），全长约345千米，因修建年代较新，相对于"老边"而称"新边"。

清朝时期清政府派遣八旗官兵驻扎在柳条边各个边门地区，其中MAR地名的核密度在山海关地区聚集程度较大，这是因为山海关作为连接华北和东北的交通要塞之地，驻扎大量的八旗官兵及其家属，所以此地的MAR地名聚集程度高于其他地区。

将ML地名文化景观的空间分布格局与MAR地名文化景观的空间分布格局对比分析，我们发现ML地名文化景观在一定程度上重现了东北地区聚落的历史分布情况。而结合东北地区的历史，清朝之后松花江地区逐渐变为荒芜之地，只剩八旗驻防以及边外流放人员，大部分满族定居在柳条边内。ML和MAR地名文化景观的变化，展现了东北地区部分满族从宁古塔和吉林地区的海西女真以及建州女真，转移到辽宁地区柳条边分布范围的迁移过程。

4.1.3　汉语地名文化景观空间分布格局

通过对汉语地名的核密度空间分布格局分析，我们发现汉族广泛分布在整个东北地区。其中，大部分分布在东北平原地区，而分布密度较高的地区是在柳条边内的辽东地区。这种分布格局与近代东北地区的发展史、清朝的兴起衰落以及中原汉族的移民和开荒息息相关。在清朝之前，辽河平原地区一直是以汉族为主要的分布人口。但在清朝前期，随着清政府定都北京，盛京地区仅作为陪都，大量满族人员随军进入北京，史称"从龙入关"。由于东北地区人口急剧减少，清政府在1653年（顺治十年）颁布《辽东招民开垦条例》，允许部分关内汉族移民到柳条边内开垦种植。但是随着传统文化以及自然植被受到威胁，1741年（乾隆六年）清政府建立了柳条边，东北地区施行全面封禁政策，包括辽东地区在内的东北地区，禁止汉族人员的进入。

1904年（光绪三十年）东北地区的封禁全面解除后，汉族移民大规模迁移至东北地区。这些汉族移民多来自山东以及直隶地区（今河北省），到达东北地区的方式有陆路和水路两种（曲晓范，1994）。1858年《天津条约》后，牛庄（今营口）开埠，山东移民多从水路进入东北地区，直隶移民则多是从陆路进入东北地区（曲晓范，2003）。而距离山东和直隶最近的辽宁省，是汉族移民首选之地，之后随着铁路的修建，以及移民的增加，逐步向整个东北地区扩散。山东和直隶地区多以平原为主，人们的生产生活方式以农耕为主。

上文利用满语地名反映了满语地名文化景观从原始生活地区迁移到汉族人较多的柳条边内地区，而且已经广泛分布在整个东北地区。这种分布的变化加强了满汉两种语言之间的交流。而且从地名数目上看，汉语地名的数量远大于其他语源地名，表明当前东北地区汉族人是主要的居住者，汉语作为主要的交流语言，这种语言环境使得满族更易于使用汉语而非满语，说明汉语使用人数更多、更广泛，这种语言环境使得汉语逐渐成为主要交流语言，地名也逐渐汉化。

4.1.4　蒙古语地名文化景观空间分布格局

通过对蒙古语地名的核密度空间分布分析，我们发现其主要集中在柳条边以西地区。自从元代之后，东北地区就逐渐形成女真部落在东、蒙古部落在西、汉族在南的分布格局。这与蒙古族一直的生活生产习惯有关，蒙古族作为游牧民族，一直以草原作为主要的生活地点。柳条边的修建同样阻止了蒙古族进入柳条边以东地区，以防止"龙兴之地"遭到破坏（姜维公，2014）。所以在清朝之后，蒙古族虽然也被编入清政府的八旗之中，但是一直分布在柳条边以西地区。

结合上文对于 MAR、ML 和汉语地名景观格局的空间格局分析，得出东北地区各地名文化景观的空间分布特征：蒙古语地名从元朝时起就一直分布在柳条边以西地区，满语音译 ML 地名在历史上一直分布在柳条边以东地区，但是随着清政府的建立，满族迁移到柳条边以内，逐渐形成现今的满族聚居区 MAR 的地名分布特征。汉族在清朝之前分布在辽河平原地区，随着柳条边对于东北封禁的解除，大规模华北地区移民迁移至此，主要在东北平原，且分布范围扩大为整个东北地区。

4.2　东北地区生产方式的空间分布格局

基于前文对东北地区各语源地名文化的分布特征分析，我们发现其与生产方式的分布有密切联系。通过分析生产方式与地名文化景观分布的空间相关性，得出生产方式与地名文化景观分布的空间关系。基于植被功能的分布能够体现该地区主要的生产方式，本书将耕地、林地、草地以及河流的植被功能类型，作为体现生产方式为农、林、牧、渔的因素。而河流既是水资源，也是水路交通因素，所以本书把公路也作为参考因素进行分析，并将这些相关的生产方式要素，利用核密度方法生成空间分布范围。

分析河流的核密度空间分布情况，我们发现较为密集的地区为松花江、嫩江流域以及辽河流域。这与东北地区的地理分布具有一致性，东北地区北部为松花江嫩江冲积而成的松嫩平原，南部则是以辽河为主的辽河平原。北部由于大兴安岭的横亘，河流分布并不密集。东北地区水资源的空间分布情况，也促成了松花江嫩江流域的渔猎文化。

分析林地的核密度空间分布情况，我们发现林地核密度较高地区主要分布在东北地区北部的大兴安岭和小兴安岭地区，以及东部的长白山地区。该地区丰富的森林资源适合以狩猎为主的生活方式，所以当地的原住民也以狩猎、放鹰、挖参等作为主要的经济活动。

分析草地的核密度空间分布情况，我们发现核密度较高地区主要集中在大兴安岭以西，现今的内蒙古地区。该地区的草地资源较为丰富，适合放牧以及农畜的饲养，同时也说明草地的空间分布情况能够体现以游牧放牧为主要生活方式的分布范围。

分析耕地的核密度空间分布情况，我们发现耕地主要在东北平原地区分布。东北平原可分为三个部分，东北部是由黑龙江、松花江和乌苏里江冲积而成的三江平原，南部是由辽河冲积而成的辽河平原，中部为松花江和嫩江冲积而成的松嫩平原。东北平原的地质条件适宜农业种植，所以现今的东北平原地区是中国主要的粮食生产基地。

分析公路的核密度空间分布情况，我们发现公路核密度较高地区，与东北地区的主要城市分布相一致。东北地区北部的交通枢纽哈尔滨，也是黑龙江省的省会与主要的社会、经济、文化中心；东北地区西部的通辽是内蒙古地区东部与东北地区重要的交通枢纽城市，被定位为省域副中心城市；东北地区南部的沈阳，是后金时期（1625—1644 年）建立的都城，顺治元年（1644 年）清朝迁都北京之后将此地作为留都，是现今辽宁省的省会，也是东北地区非常重要的交通枢纽。

4.3 地名与生产关系空间分布相关性分析

从上文的分析可知，耕地、林地、草地以及河流的核密度分布，能够在一定程度上体现生产方式的空间分布。本书结合东北地区地名语源的分布特点，分析生产方式与各地名文化景观分布的相关关系，通过计算耕地、林地、草地以及河流的核密度分布与不同语源地名的核密度分布的相关性，分析地名文化景观分布与生产方式的空间关系。计算方法为将这些因素的核密度分布与地名核密度分布的栅格数据，统一转化成点数据，并进行相关分析，得到如表4-1所示的相关关系。

表4-1　　地名与生产生活方式因素空间分布密度的相关关系

地名方法		牧	林	农	渔	公路
汉语地名	Pearson 相关系数	-0.408**	-0.340**	0.280**	0.555**	0.680**
	Sig.（双尾检验）	0.000	0.000	0.000	0.000	0.000
ML地名	Pearson 相关系数	-0.372**	0.011**	0.268**	0.294**	0.347**
	Sig.（双尾检验）	0.000	0.000	0.000	0.000	0.000
MAR地名	Pearson 相关系数	-0.156**	-0.055**	0.059**	0.219**	0.183**
	Sig.（双尾检验）	0.000	0.000	0.000	0.000	0.000
蒙古语地名	Pearson 相关系数	0.422**	-0.444**	-0.200**	0.071**	0.008**
	Sig.（双尾检验）	0.000	0.000	0.000	0.000	0.000

注：**表示相关性在0.01水平下显著（双尾检验）。

　　基于表4-1，我们发现汉语地名的分布与耕地以及公路的分布有着很强的正相关性，其相关系数分别为0.280和0.680。这种空间相关性表明，在汉语地名分布较多的地区，同样有着分布较多的耕地和公路。而与草地（-0.408）和林地（-0.340）有着较强的负相关性，表明在林地和草地分布多的地方，汉语地名的分布反而减少。与河流有正相关关系，表明随着河流分布密度的增加，汉语地名的分布也逐渐增加。这种分布能够体现汉族以农耕作为主要的生产方式，其分布与耕地的空间分布有着较强的一致性。同时，由于东北地区的汉族主要是从华北地区迁徙而来，所以汉语地名与公路交通的分布具有很强的相关性。

　　蒙古语地名文化景观的分布密度与耕地的相关性很小，表明与农耕为主的生产方式相关性几乎没有，但是与草地的密度分布有着较强的正相关关系（0.422），说明随着草地资源的增加，蒙古语地名的分布增多。蒙古语地名分布与林地分布有较强的负相关性（0.444），说明随着林地的增加，蒙古语地名的分布逐渐减少。蒙古语地名分布与公路以及河流分布的相关性很小，这与蒙古语地名展现游牧文化，人们以放牧和畜牧为主要生产方式相符。公路交通的分布对于游牧文化的影响较小，而且水资源以及鱼类资源与蒙古语的分布相关性同样较小。

ML地名的分布地区与河流的分布有着一定的正相关关系（0.294），这与先民主要利用丰富的鱼类资源进行渔猎相符合。ML地名的分布与农耕有着一定的正相关关系（0.268），说明现今东北地区的松花江嫩江流域有着较高程度农业的发展。现今分布在该地区的人口以迁徙而来的汉族为主，所以与农耕的分布同样有着正相关关系。ML地名的分布与林地资源的分布有着正相关关系（0.011），虽然数值较小，但是其他地名文化与林业都有着一定程度上的负相关关系，所以也能够在一定程度上体现满族以森林资源为主，进行狩猎的生产方式。ML地名分布与草地分布有着一定的负相关关系（-0.372），说明随着草地资源的增加，ML地名的分布逐渐减少，因为游牧并不是满族的主要生产方式。ML地名的分布与公路交通的正相关性最强（0.347）。这与东北地区历史密切相关，结合前文的空间分析，清朝初期，满族随努尔哈赤迁徙到柳条边地区，松花江嫩江流域只有部分八旗官兵驻守，所以其分布与公路交通密度有较强的正相关性。

MAR地名的空间分布与农耕的相关性比ML地名的相关性稍小（为0.059），说明与农耕分布的关联较小。但是MAR地名与河流分布呈现正相关关系（0.219），其原因是满族作为渔猎民族，随着河流密度的增加，满语地名的分布也会增加。MAR地名与林地分布有着较小的负相关关系（-0.055），这是因为随着满族迁徙到柳条边地区，人们已经不再以狩猎作为主要的生产方式。MAR地名与草地也有着一定的负相关关系（-0.156），说明满族现今同样不是以以草地为资源的游牧作为生产方式。而其绝对值小于ML的绝对值，这是由于在清朝之前，满族与蒙古族是不同的部落，有着划分清晰的空间范围。而随着蒙古八旗的加入，两者的交流日益密切，所以相关性的绝对值稍小。

对地名文化景观分布与生产方式的相关性分析表明，满族传统的生产方式以渔猎、狩猎为主。但随着清朝的建立，以及清朝居住地的迁移，满族逐渐不以狩猎作为生产方式，反而开始向农业种植的方向发展（张树文等，2006）。而满族先民的生活之地，因为其交通的便利，封禁解除之后汉族移民迁移至此，故现在汉族人口占比较高，该地区的农业种植业逐渐发展，成为现今中国的主要粮食基地。从与林业资源的分布有一定相关性来看，这里曾经还有过狩猎活动（张学珍等，2014）。

在封禁期间，由于地处柳条边之外，只有少数的旗人与流民，还有当地的原住民生活于此，其中有旗民的官垦旗地。在开禁之后，开始有汉族移民移居到此。中东铁路开通之后，大规模的人口开始迁移到此。中华人民共和国成立后，20世纪50年代，进行北大荒的开垦，建立了众多的农场，成为重要的粮食生产基地，"北大荒"变成了"北大仓"。

通过地名文化景观的分布情况以及与生产方式的相关性分析，我们发现满族现今的生活方式已经改变，即以农耕作为主要的生活方式（李蓓蓓等，2014），而东北地区的蒙古族依旧保持着一定的原始生活方式（叶瑜等，2006）。通过基于环境因素的影响分析发现，满族从传统的渔猎文化转向了汉族的农耕文化，即从由原始的、自然的文化模式发展为传统农业文明的文化模式（Ye et al.，2009）。

综上，清朝对于东北地区施行封禁政策，利用柳条边进行封禁，而现今除了蒙古语地名依旧分布在柳条边以西地区，汉语文化区已经从柳条边以南扩大到整个东北地区，主要分布在东北平原地区。通过对 ML 和 MAR 的地名文化景观的分析，可以在一定程度上重现东北地区聚落分布变化的历史情况；通过对 ML 和 MAR 地名文化景观与生活生产方式的相关性分析，可以发现满语地名所展现的渔猎文化区现今的生活方式已经改变，现今主要是以农耕为生活方式，而蒙古语地名展示的游牧文化区依旧保持着一定的传统生活方式。

4.4 植被因素的空间分异特征

4.4.1 可塑性面积单元问题

可塑性面积单元问题（Modifiable Areal Unit Problem，MAUP），即分析结果随基本面积单元（栅格细胞或粒度）定义的不同而变化的问题。它主要包括两个方面：一是尺度效应（Scale Effect），是指当空间数据经聚合而改变其粒度或栅格细胞大小时，得到结果也随之产生变化。二是划区效应（Zoning Effect），是指在同一粒度或聚合水平上由于不同聚合方式（即划区方案）而引起的分析结果的变化（毕硕本等，2017）。前文的分析表明东北地区的民族分布与植被分布密切相关。本书利用《1∶100万植被类型地图集》全面反映我国植被分布情况，并结合当地的地理分布情况，对植被类型进行划分，包括植被型（55种）、植被型组（12种）、植被大类（3种）三种等级尺度，见表4-2。《1∶100万植被类型地图集》根据生活型来划分不同的植被种类，并应用不同单位划分植被类型。

表4-2 　　　　　 **植被型、植被型组和植被大类属性及其代码**

植被型	植被型组	植被大类
1 寒温带和温带山地针叶林	1 针叶林	1 自然植被
2 温带针叶林		
3 亚热带针叶林		
4 热带针叶林		
5 亚热带和热带山地针叶林		
6 温带针叶、落叶阔叶混交林	2 针阔混交林	
7 亚热带山地针叶、常绿阔叶、落叶阔叶混交林		
8 温带落叶阔叶林	3 阔叶林	
9 温带落叶小叶林		
10 亚热带落叶阔叶林		
11 亚热带常绿、落叶阔叶混交林		
12 亚热带常绿阔叶林		
13 亚热带硬叶常绿阔叶林		
14 热带季雨林		
15 热带雨林		
16 亚热带和热带竹林及竹丛		

植被型	植被型组	植被大类
17 温带落叶灌丛	4 灌丛	1 自然植被
18 亚热带、热带常绿阔叶、落叶阔叶灌丛		
19 热带珊瑚岛肉质常绿阔叶灌丛和矮林		
20 亚热带、热带旱生常绿肉质多刺灌丛		
21 亚高山落叶阔叶灌丛		
22 亚高山革质常绿阔叶灌丛		
23 亚高山常绿针叶灌丛		
24 矮半乔木荒漠	5 荒漠	
25 灌木荒漠		
26 草原化灌木荒漠		
27 半灌木、矮半灌木荒漠		
28 多汁盐生矮半灌木荒漠		
29 一年生草本荒漠		
30 垫状矮半灌木高寒荒漠		
31 温带禾草、杂类草草甸草原	6 草原	
32 温带丛生禾草草原		
33 温带丛生矮禾草、矮半灌木荒漠草原		
34 禾草、蔓草高寒草原		
35 温带草丛	7 草丛	
36 亚热带、热带草丛		
37 禾草、杂类草草甸	8 草甸	
38 禾草、蔓草及杂类草沼泽化草甸		
39 禾草、杂类草盐生草甸		
40 蒿草、杂类草高寒草甸		

续表

植被型	植被型组	植被大类
41 寒温带、温带沼泽	9 沼泽	1 自然植被
42 亚热带、热带沼泽		
43 热带红树林		
44 高寒沼泽		
45 高山苔原	10 高山植被	
46 高山垫状植被		
47 高山稀疏植被		
48 一年一熟短生育期耐寒作物田	11 栽培植被	2 栽培植被
49 一年一熟粮食作物及耐寒经济作物田		
50 一年一熟粮食作物及耐寒经济作物田、落叶果树园		
51 两年三熟或一年两熟旱作田和落叶果树园		
52 一年两熟粮食作物田及常绿和落叶果树园与经济林		
53 一年两熟或三熟粮食作物田及常绿果树园、亚热带经济林		
54 一年三熟粮食作物田及常绿果树园和经济林		
55 无植被地段	12 无植被地段	3 无植被地段

探测器能够较好地分析地名分布与其相关因素的空间分异情况，并且能够分析出影响因子对于地名的空间分布的解释能力。地理探测器在运用于地名分布和影响因子分析时，地名的核密度分布是数值量，而解释变量植被类型是类型量。基于可塑性面积单元问题，可知栅格的大小不同，会产生尺度效应，得到的分析结果也会产生变化。同时，植被型、植被型组和植被大类的划分方案不同，也会引起划区效应，使结果发生变化。所以本书基于地名文化景观的空间分布与植被不同等级类型划分来分析可塑性面积单元问题带来的影响。基于影响因子的不同面积

单元以及不同的划分方式，进行地名文化景观分布与影响因子的空间分异性探测，基于地理探测器 R 软件包得到的空间分异解释能力来判断其划分方法的优异性。

（1）尺度效应分析

本书利用 Kernel 密度方法，基于地名的空间位置来分析地名文化景观的分布，其主要影响因素是 Kernel 搜索半径和栅格大小。通过 Silverman 的搜索半径计算得到汉语地名文化景观的搜索半径为 74 453.222 6 米，蒙古语地名文化景观的搜索半径为 85 342.435 0 米，MAR 地名文化景观的搜索半径为 108 976.669 8 米，ML 地名文化景观的搜索半径为 103 193.883 9 米。结合东北地区的分布范围，即东西方向相差 1 421 970.358 113 米，南北方向相差 1 653 954.502 763 米，默认选择高或者宽度较小者的 1/30，所以本书选择以 100 000 米作为各个民族地名的搜索半径。

因为本节主要是分析尺度效应，即地名文化景观分布数据在不同栅格大小时，得到的空间分异影响。所以，本书以每个栅格期待的语源地名个数作为栅格数值，而不是默认的每单位面积期待个数作为栅格数值。同时因为汉语地名和其他地名个数相差比较大，如果利用密度值（DENSITIES），则得到每千米所有地名的个数，而期望个数（EXPECTED_COUNTS）是每个栅格大小内所得到的个数。本书将地名点密度栅格转化为点，所在点的属性值即所在栅格所表示的 Kernel 密度，这样就可以得到每种栅格大小所代表的 Kernel 密度大小。依据栅格大小计算空间分异，本书选择 1 000 米×1 000 米、2 000 米×2 000 米、3 000 米×3 000 米、4 000 米×4 000 米、5 000 米×5 000 米、6 000 米×6 000 米、7 000 米×7 000 米、8 000 米×8 000 米、9 000 米×9 000 米、10 000 米×10 000 米这 10 种栅格大小来分析。最后根据所有点所在位置的影响因子值，本书基于植被型、植被型组、植被大类三种划分方案来分析，进行地理探测器的计算。

根据不同栅格大小得到的植被型与地名文化景观分布的空间分异影响见表 4-3，分析发现虽然不同栅格大小所用的参与运算的个数有很大差异，但是栅格大小对植被型对于满语、汉语和蒙古语地名文化景观的空间分异解释力没有太大影响，植被型对于地名文化景观的空间分异情况的解释力都是在1%的变化范围内波动。具体来说，植被型对于ML地名文化景观的空间分布情况的解释力在16%左右；对于MAR地名文化景观的空间分布情况的解释力稍强于ML地名，在19%左右。而植被型的分布对于汉语地名文化景观的空间分布情况达到约36%的解释水平。与汉语地名相似，植被型的空间分布对于蒙古语地名文化景观的分布情况解释力约37%。

表4-3　　　　　　　　　植被型的尺度效应分析表

栅格大小（平方米）	个数	ML	MAR	汉语	蒙古语
1 000×1 000	1 231 807	0.1617	0.1935	0.3626	0.3734
2 000×2 000	307 945	0.1617	0.1932	0.3626	0.3734
3 000×3 000	136 855	0.1612	0.1969	0.3625	0.3731
4 000×4 000	76 986	0.1623	0.1889	0.3618	0.3742
5 000×5 000	49 270	0.1619	0.1949	0.3623	0.3755
6 000×6 000	34 214	0.1603	0.1925	0.3669	0.3679
7 000×7 000	25 153	0.1510	0.2018	0.3632	0.3742
8 000×8 000	19 262	0.1644	0.1939	0.3541	0.3786
9 000×9 000	15 190	0.1593	0.1916	0.3612	0.3781
10 000×10 000	12 330	0.1602	0.2030	0.3649	0.3657

　　根据不同栅格大小得到的植被型组对于地名文化景观分布的空间分异影响见表4-4，分析发现栅格大小对植被型组对于地名文化景观空间分异情况解释力没有较大影响，都是在1%的差异内变动。其中植被型组对于ML地名文化景观的空间分异情况的解释能力为13%~14%，对于MAR地名文化景观的空间分异情况的解释能力约为13%，对于汉语地名文化景观的空间分异情况的解释力为26%~27%，对于蒙古语地名文化景观的空间分异情况解释力在25%左右。

表4-4　　　　　　　　　　植被型组的尺度效应分析表

栅格大小（平方米）	个数	ML地名	MAR地名	汉语地名	蒙古语地名
1 000×1 000	1 231 807	0.1383	0.1299	0.2709	0.2582
2 000×2 000	307 945	0.1383	0.1296	0.2709	0.2582
3 000×3 000	136 855	0.1380	0.1325	0.2707	0.2578
4 000×4 000	76 986	0.1391	0.1260	0.2710	0.2587
5 000×5 000	49 270	0.1385	0.1311	0.2694	0.2586
6 000×6 000	34 214	0.1368	0.1271	0.2733	0.2564
7 000×7 000	25 153	0.1315	0.1387	0.2720	0.2599
8 000×8 000	19 262	0.1406	0.1291	0.2643	0.2556
9 000×9 000	15 190	0.1357	0.1283	0.2690	0.2575
10 000×10 000	12 330	0.1361	0.1378	0.2783	0.2508

根据不同栅格大小得到的植被大类对于地名文化景观分布的空间分异影响见表4-5，分析发现栅格大小对于植被大类与地名文化景观的空间分异影响较小。其中，植被大类的空间分布能够解释5%~6%ML地名文化景观的空间分异情况，而对MAR地名文化景观的空间分异情况的解释力减少到5%左右，对于汉语地名文化景观的空间分异情况解释力能够达到22%，但是对于蒙古语地名文化景观的空间分异情况解释力下降到5%左右。

表4-5　　　　　　　　植被大类的尺度效应分析表

栅格大小（平方米）	个数	ML地名	MAR地名	汉语地名	蒙古语地名
1 000×1 000	1 231 807	0.0589	0.0495	0.2230	0.0049
2 000×2 000	307 945	0.0589	0.0494	0.2230	0.0049
3 000×3 000	136 855	0.0592	0.0495	0.2233	0.0048
4 000×4 000	76 986	0.0605	0.0502	0.2228	0.0046

续表

栅格大小（平方米）	个数	ML地名	MAR地名	汉语地名	蒙古语地名
5 000×5 000	49 270	0.0592	0.0473	0.2220	0.0049
6 000×6 000	34 214	0.0588	0.0515	0.2247	0.0051
7 000×7 000	25 153	0.0503	0.0504	0.2242	0.0042
8 000×8 000	19 262	0.0576	0.0492	0.2166	0.0052
9 000×9 000	15 190	0.0618	0.0484	0.2221	0.0032
10 000×10 000	12 330	0.0564	0.0539	0.2303	0.0058

（2）划区效应分析

通过对比相同栅格大小下，植被型、植被型组和植被大类的空间分布情况，对于 ML 地名文化景观空间分异情况的解释能力，发现植被型能够解释约 16% 的空间分异情况，植被型组能够解释约 13% 的空间分异情况，但是植被大类仅能解释约 5% 的空间分异情况。通过对比不同植被类型对于 MAR 地名文化景观的空间分异情况的解释能力，发现对于 MAR 地名文化景观的空间分异情况，植被型的空间分异能够解释约19%，植被型与植被型组的划分差异约 3%，植被型组解释能力约 13%，但是植被大类的划分比植被型的划分下降 8% 的解释能力，植被大类仅能解释 5% 左右的空间分异情况。

不同植被类型的划分对于汉语地名文化景观的空间分异情况的解释能力从植被型的 36% 解释力、植被型组的 26% 解释力，到植被大类 22% 的空间分异解释能力，变化影响并不大。但是对于蒙古语地名文化景观的空间分布情况，不同植被类型对于其影响力大小有着非常明显的差异，植被型的解释能力为 37%，植被型组的解释能力为 25%，植被大类的解释能力仅为 5%。

这种差异是 MAUP 的划区效应导致的。不同的区划方案能解释不同地名分布情况的差异较大。相同语源地名的 MAUP 的分析结果见表 4-6至表 4-9。我们发现虽然尺度效应对于地名的空间分异情况差异较小，但是划区效应对于地名文化景观分布的影响差异仍然存在，并且不会随着尺度效应的变化而变化。

表4-6　　　ML地名与植被因素的可塑性面积单元分析

栅格大小（平方米）	植被型	植被型组	植被大类
1 000×1 000	0.1617	0.1383	0.0589
2 000×2 000	0.1617	0.1383	0.0589
3 000×3 000	0.1612	0.138	0.0592
4 000×4 000	0.1623	0.1391	0.0605
5 000×5 000	0.1619	0.1385	0.0592
6 000×6 000	0.1603	0.1368	0.0588
7 000×7 000	0.151	0.1315	0.0503
8 000×8 000	0.1644	0.1406	0.0576
9 000×9 000	0.1593	0.1357	0.0618
10 000×10 000	0.1602	0.1361	0.0564

表4-7　　　MAR地名与植被因素的可塑性面积单元分析

栅格大小（平方米）	植被型	植被型组	植被大类
1 000×1 000	0.1935	0.1299	0.0495
2 000×2 000	0.1932	0.1296	0.0494
3 000×3 000	0.1969	0.1325	0.0495
4 000×4 000	0.1889	0.126	0.0502
5 000×5 000	0.1949	0.1311	0.0473
6 000×6 000	0.1925	0.1271	0.0515
7 000×7 000	0.2018	0.1387	0.0504
8 000×8 000	0.1939	0.1291	0.0492

续表

栅格大小（平方米）	植被型	植被型组	植被大类
9 000×9 000	0.1916	0.1283	0.0484
10 000×10 000	0.203	0.1378	0.0539

表4-8　　　汉语地名与植被因素的可塑性面积单元分析

栅格大小（平方米）	植被型	植被型组	植被大类
1 000×1 000	0.3626	0.2709	0.2230
2 000×2 000	0.3626	0.2709	0.2230
3 000×3 000	0.3625	0.2707	0.2233
4 000×4 000	0.3618	0.2710	0.2228
5 000×5 000	0.3623	0.2694	0.2220
6 000×6 000	0.3669	0.2733	0.2247
7 000×7 000	0.3632	0.2720	0.2242
8 000×8 000	0.3541	0.2643	0.2166
9 000×9 000	0.3612	0.2690	0.2221
10 000×10 000	0.3647	0.2784	0.2308

表4-9　　　蒙古语地名与植被因素的可塑性面积单元分析

栅格大小（平方米）	植被型	植被型组	植被大类
1 000×1 000	0.3734	0.2582	0.0049
2 000×2 000	0.3734	0.2582	0.0049
3 000×3 000	0.3731	0.2578	0.0048
4 000×4 000	0.3742	0.2587	0.0046
5 000×5 000	0.3755	0.2586	0.0049
6 000×6 000	0.3679	0.2564	0.0051
7 000×7 000	0.3742	0.2599	0.0042
8 000×8 000	0.3786	0.2556	0.0052
9 000×9 000	0.3781	0.2575	0.0032
10 000×10 000	0.3657	0.2508	0.0058

根据表4-6至表4-9体现出来的解释能力差异可以发现，越详细的植被类型划分越能够体现地名文化景观的空间分异情况。这是因为植被型的划分是依据其生活型，是能够反映气候水热地带性的，是能够作为植被区划的重要依据的。同时，植被型组的划分是基于该植被区域中植被型占优势的植物群落类型进行合并，植被型的划分是植被型组划分的基础。植被大类则基于植被型与植被型组，分为自然植被、人工植被和无植被地区，过于粗糙的划分不利于民族空间分异的体现，所以它的解释能力会急剧下降。

4.4.2　MAR地名受植被因素影响所表现的空间分异特征

植被因素的可塑性面积单元问题，体现了不同植被类型划分尺度对于不同语源地名文化景观空间分异情况的解释能力。通过计算各个植被类型对于MAR地名文化景观的空间分异情况的解释能力，其中影响力较大的植被类型是温带草丛（35），它的空间分布与MAR地名文化景观空间分布的一致性为9.60%，其次为温带针叶林（2）对于MAR地名文化景观空间分布的解释能力为3.56%，两年三熟或一年两熟旱作田和落叶果树园（51）的解释能力为2.90%，温带落叶灌丛（17）的解释能力为1.9%。除了以上几种植被类型，其他植被类型对于MAR地名文化景观的空间分布的解释能力都低于1%，说明其他植被类型对于MAR地名文化景观空间分布的影响较低。

分析满语地名现今文化景观的空间分异情况与植被型组的空间分异情况，其结果与植被型的分异特征相似，除了草丛（7）的解释能力达到9.60%，灌丛（4）的解释能力达到1.90%，栽培植被的解释能力达到1.80%，余下的植被型组对MAR地名文化景观的空间分异情况的解释能力都非常小。

温带草丛的分布主要形成在森林砍伐之后，在火烧的情况下，无论是否垦殖，都会出现大面积以禾本科草类或蕨类植物为主的草丛。而落叶灌丛的分布较多，是因为一旦火烧停止，乔灌木就会迅速侵入，之后发展成为灌丛。MAR地名文化景观的空间分布与温带草丛的空间分布情况具有较高的一致性，这是因为东北地区在300年前一直以林地和草地为主，地表植被一直保持着较为原始状况。清朝末期汉族大量迁入，开始进行原始生荒耕作，以刀耕火种的迁移农业为主，使得东北地区的地表植被发生变化，林业资源分布减少，而草丛、灌丛类分布比例升高，并且伴随着一定比例的粮食作物和果树园。

MAR 地名受植被因素影响所表现的空间分异特征如图 4-1 和图 4-2 所示。

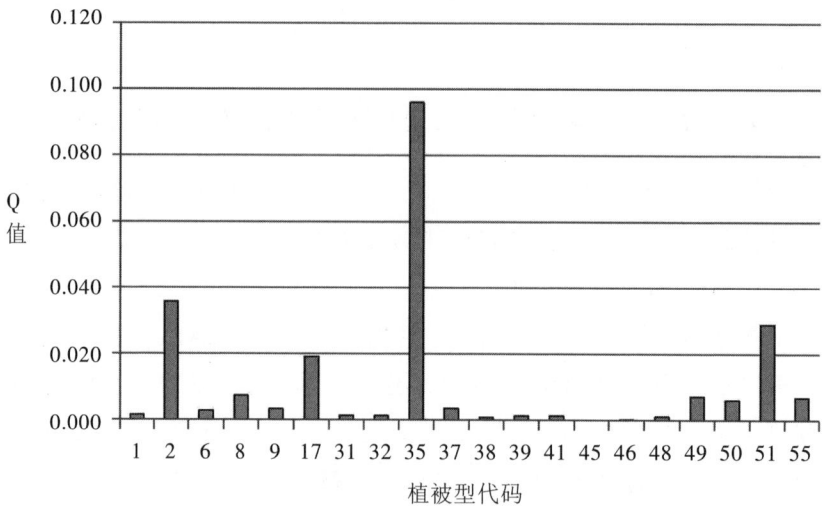

图 4-1　MAR 地名受植被型影响所表现的空间分异特征

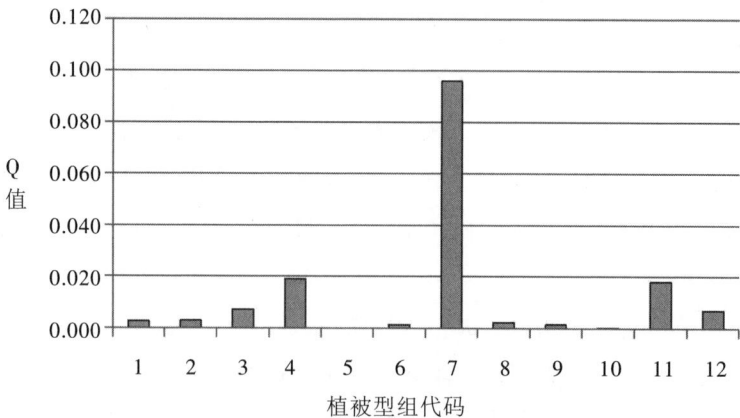

图 4-2　MAR 地名受植被型组影响所表现的空间分异特征

4.4.3 ML地名受植被因素影响所表现的空间分异特征

ML地名文化景观的空间分异情况与植被型的空间分异情况的一致性较低，最高的是高山垫状植被（46），有3.89%的空间分异情况的一致性，其次是温带针叶、落叶阔叶混交林（6），与ML的空间分异情况的一致性达到3.37%。一年一熟粮食作物及耐寒经济作物田（49）的分布有3.22%与ML地名文化景观空间分布的一致性。两年三熟或一年两熟旱作田和落叶果树园（51）与ML地名文化景观的空间分布一致性为2.75%。其他植被型的分布一致性都在2%以下。

ML地名文化景观的空间分异情况与植被型组各个类别的空间分异情况的平均值，最高的是高山植被（10），达到了3.80%的空间分异一致性，其次是针阔叶林（2），与ML地名文化景观的空间分异一致性为3.37%。栽培植被的解释能力为2.91%，阔叶林空间分异情况的解释能力为2.45%，其他植被型组的空间分异解释能力均小于2%。

虽然植被型组的空间分异性的解释能力较弱，但是从解释能力的强弱发现，ML地名文化景观的空间分布又与高山植被、针阔叶林等森林类型有关，进一步体现了传统满族生活地区的植被是以林业为主，而现今栽培植被也与满族原始的生活地区的空间分布情况有关，说明也受到了汉族的影响。

但是从植被分异一致性的排序可以知道，之前的生活地区多是以高山垫状植被以及温带的针叶落叶阔叶混交林为主，符合满族传统文化生活地区的生活环境，这种环境使得满族的传统文化以骑射狩猎作为主要的生活生产方式。这是由于300年前东北地区主要是以林地和草地为主，但是受到清朝末期迁移而来的汉族移民影响，现今的主要是植被类型为粮食作物以及果树园（张学珍等，2011）。

ML地名受植被因素影响所表现的空间分异特征如图4-3和图4-4所示。

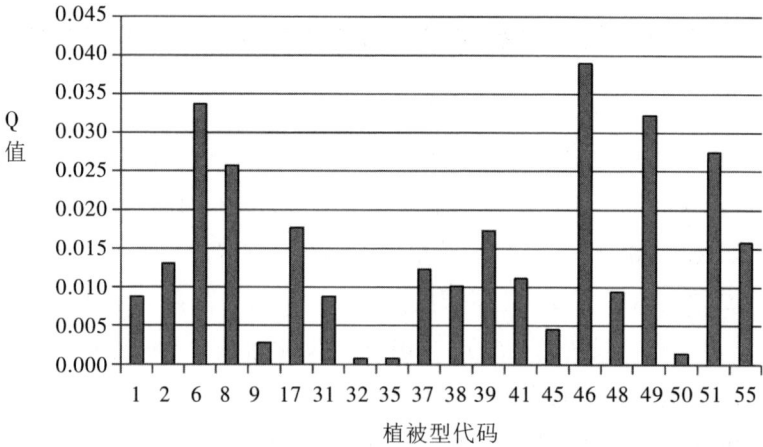

图4-3 ML地名受植被型影响影响所表现的空间分异特征

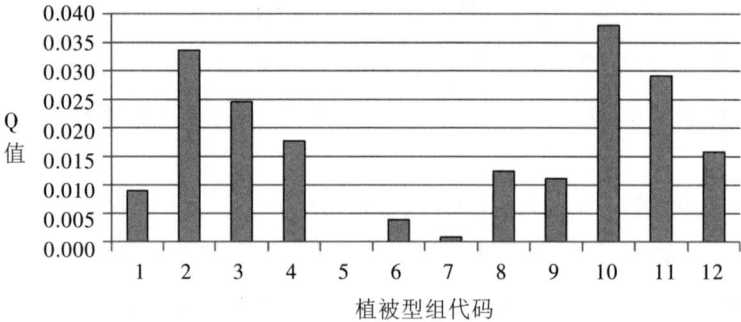

图4-4 ML地名受植被型组影响所表现的空间分异特征

4.4.4 汉语地名受植被因素影响所表现的空间分异特征

本节根据每种植被型所能解释的汉族空间分异情况，分析能够体现汉语地名空间分异情况的植被类型。其中温带草丛（35）对于汉语地名的空间分异解释能力最强，达到了59.14％，其次是温带针叶林（2）和两年三熟或一年两熟旱作田和落叶果树园（51），能够解释汉语地名文化景观的空间分异情况分别为51.67%和48.42%。其中植被类型对于汉语地名分布的解释能力达到30%左右：一年一熟粮食作物及耐寒经济作物田、落叶果树园（50）的解释能力为34.17%，一年一熟粮食作物及耐寒经济作物田（49）的解释能力为28.42%，禾草、杂类草盐生草甸（39）的解释能力为26.86%，温带落叶灌丛（17）达到26.67%的解释能力。

汉族的生产方式一直是以农耕为主，农作物一直是汉族的主要经济作物，所以上图也体现出粮食作物及耐寒经济作物田、落叶果树园的空间分布情况与汉语地名文化景观的主要分布情况相一致。而通过植被类型，发现草丛和栽培植被是两种主要的影响汉语地名空间分布格局的植被类型因子。汉语地名的空间分异情况与草丛（7）的空间分异情况能够达到59.14%的一致性，栽培植被（11）能够解释38.23%的汉语地名的空间分异情况。余下的植被型空间分布情况与汉语地名空间分布的一致性均在20%以下。

汉族有着数千年的农耕种植文化，而刀耕火种是原始的农业生产方式，清朝末期迁移进入东北地区的汉族主要来自河北、河南以及山东一带，受到当地自然灾害的影响，迁移至资源丰富的东北地区。而作为缺少现代农业技术以及工具的移民，多数采用这种原始的生产方式，使得温带草丛的分布情况与汉族的分布情况的一致性高达59.14%，其次是农业耕种的分布与汉语地名文化景观的空间分布的一致性。

汉语地名受植被因素影响所表现的空间分异特征如图4-5和图4-6所示。

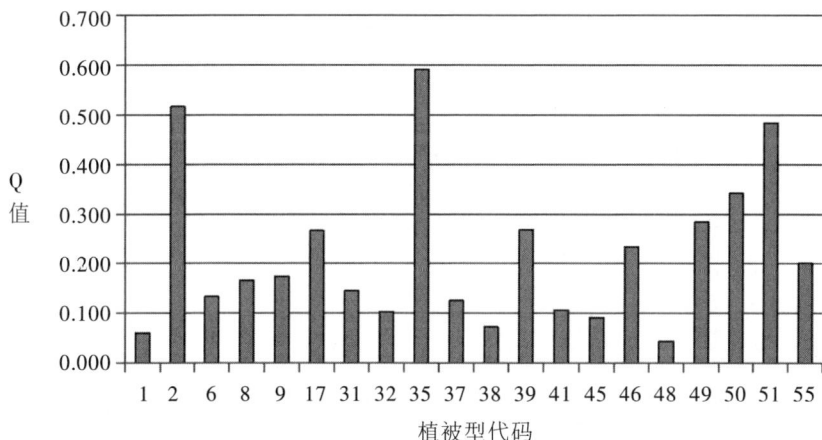

图4-5　汉语地名受植被型影响所表现的空间分异特征

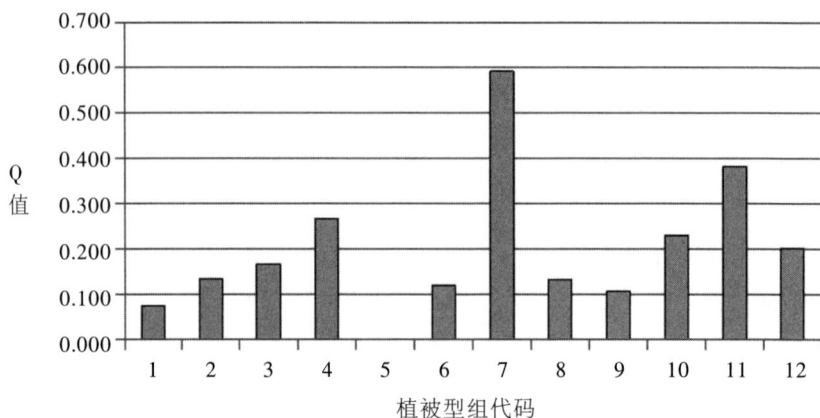

图 4-6　汉语地名受植被型组影响所表现的空间分异特征

4.4.5　蒙古语地名受植被因素影响所表现的空间分异特征

蒙古语地名文化景观的空间分异情况与植被型组的空间分异情况相关度最高的是草原（6），达到 6.42%，灌丛（4）达到 3.13% 的空间分异一致性，草丛（7）达到 3.25% 的空间分异一致性，栽培植被（11）的空间分异一致性为 2.77%，无植被地段（12）的空间分异一致性为 2.80%。

结果表明，草原、草丛和灌丛的空间分异情况与蒙古语地名文化景观的空间分异情况有较高的一致性。这与蒙古族一直以游牧作为主要的生产生活方式有关，虽然部分地区与栽培植被有关，但是草地植被仍然是主要的植被，说明并没有过多受到汉族文化影响。

蒙古语地名文化景观的空间分异情况与植被类型一致性较低，其中最高的为温带落叶小叶林，达到 9.72% 的空间分异一致性，温带丛生禾草草原（32）达到 7.30% 的空间分异一致性。温带禾草、杂类草草甸草原（31），禾草、杂类草盐生草甸（39）和一年一熟粮食作物及耐寒经济作物田、落叶果树园（50）比较接近，分别达到 5.02%，4.50% 和 4.74% 的空间分异一致性。

结果表明，蒙古语地名文化景观的分布与草原和草甸的空间分异特征具有一致性。这与蒙古族的传统生产生活方式一致，即主要是游牧及部分的经济作物和果树园，说明目前也受到汉族的影响，表明有部分地区已经开始有农耕。

蒙古语地名受植被因素影响所表现的空间分异特征如图4-7和图4-8所示。

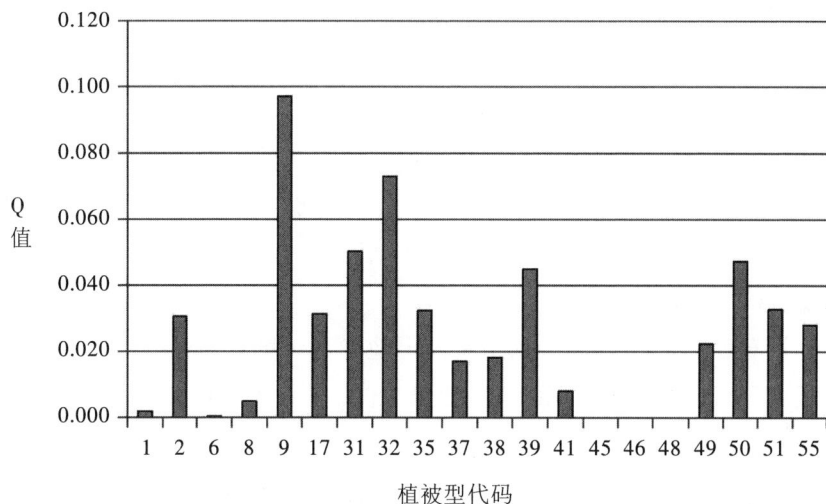

图4-7　蒙古语地名受植被型影响所表现的空间分异特征

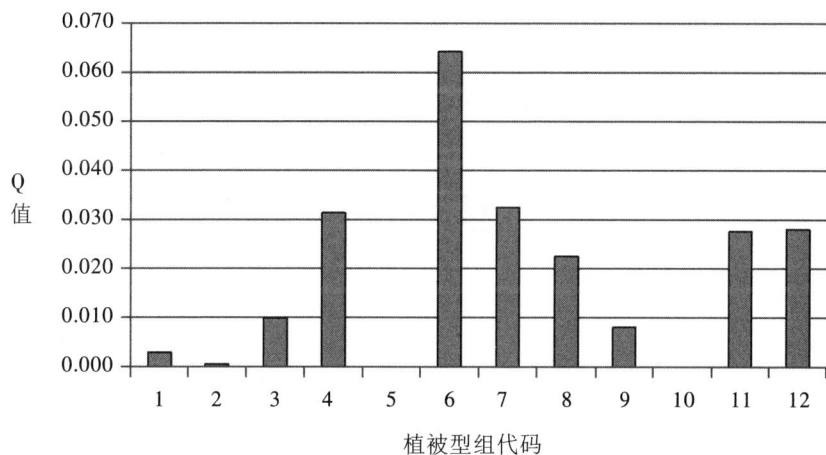

图4-8　蒙古语地名受植被型组影响所表现的空间分异特征

4.4.6　植被大类空间分异特征

通过比较 ML、MAR、汉语和蒙古语地名文化景观的空间分异特征与植被大类的空间分异特征（见表 4-10），我们发现 MAR 地名文化景观的栽培植被具有较高的比例，为 59.11%，自然植被为 18.13%，无植被地带为 22.76%。ML 地名文化景观的栽培植被同样拥有最高的比例，达到 48.21%，而自然植被和无植被地段的比例较为接近，分别为 25.68% 和 26.11%。汉语地名文化景观同样具有最高的栽培植被比例，（52.61%），其次是无植被地段（27.69%），比例最低的是自然植被（19.70%）。蒙古语地名的植被大类的空间分异性与植被大类的空间分异性一致性最小，这是由于蒙古语地名文化景观所在地区的自然植被、栽培植被和无植被地段的空间分布比例较为相近，分别为 27.83%，35.87% 和 36.30%。

通过比较可以发现，满语和汉语地名文化景观的分布比例较为相近，都是栽培植被占较高的植被比例，自然植被和无植被地段的比例较低且较为接近，说明其具有较为相近的空间分异特征，地名分布与栽培植被的空间分布具有较高的一致性，满语和汉语地名文化景观的植被大类的分布较为一致。而蒙古语地名文化景观所对应的栽培植被、自然植被和无植被地段的类型分布比例接近，体现为植被大类的空间分异特征不明显，其中栽培植被并不是最主要的因素，说明蒙古语地名受到农耕文化的影响较小，还保留着一定的自然植被。

地名受植被大类影响所表现的空间分异特征见表 4-10。

表4-10　　　　**地名受植被大类影响所表现的空间分异特征**

植被大类	ML 地名	MAR 地名	汉语地名	蒙古语地名
自然植被	18.13%	25.68%	19.70%	27.83%
栽培植被	59.11%	48.21%	52.61%	35.87%
无植被地段	22.76%	26.11%	27.69%	36.30%

4.5 交通因素的空间分异特征

4.5.1 交通因素的可塑性面积单元问题

地理探测器擅长分析类型量,而对于顺序量、比值量或间隔量,需要进行适当的离散化,在离散化之后我们可利用地理探测器对其空间分异情况进行分析。因为地理探测器中的解释因子必须为类型量,如果解释因子为连续型变量,则需要通过数据的分类算法形成不同的分区。目前有多种分类方法,主要是非监督分类与非监督分类算法,同时也包括多种基于专业领域知识的划分算法(毕硕本等,2015)。

本章前部分已经分析得到交通因素对于地名文化的空间分布情况有较大影响。而地名分布点距离最近的公路、水路与铁路交通的距离(以下分别简称为"公路距离""水路距离""铁路距离")是数值变量。按照地理探测器的应用说明,需要将各种交通距离进行离散化后分析,本书采用多种非监督分类方式,如等距分类法(Equal Interval Method)、自然断点分类法(Natural Breaks Method)、等量分类法(Quantile Method)、几何分类间隔法(Geometry Interval Method)、标准差分类法(Standard Deviation Method)等,并计算分类个数从 2 ~ 10 的不同离散化方法来对比分析,基于地理探测器得到 Q 统计量值来评价分类的效果,Q 值越大说明离散化的效果越好(董玉祥等,2017)。本节选用五种主要的非监督离散化方法来分析,具体的划分方法如下:

(1)等间距分类法(Equal)

这种离散方法是将全部数据以最小值和最大值为数据的分布范围,按照相等的距离间隔,把范围内所有的数据按照所需要的数目离散化,仅考虑数据的范围,而并不考虑数据的分布特征,这种方法十分简单,当数据分布为正态分布时,具有较好的离散化效果。但是没有考虑数据的局部分布情况,分类间断点仅依据整体数据值范围和分类数确定。

(2)自然断点分类法(Natural)

该方法即自然间隔法,是减少同一级中差异、增加不同级间差异而采用统计公式确定属性值的聚类方法，即使每个组内拥有最小平均离散方差，同时拥有最大化的组间平均离散方差，是按照数据的分布将数据离散的较为优化的方法。

（3）等量分类法（Quantile）

这种方法又叫分位数分类法，是让每个分区具有相同数量的数据，这样分类不会出现任何空类。但是因为这种分类方法没有考虑数值的实际大小，导致这种方法可能会使得具有相同数值的数据，划分到不同的分类当中。同样，相同的区划内数据值可能相差较大。所以这种方法较为适合线性分布的数据。

（4）几何分类间隔法（Geometric）

这种方法的核心是使得每个分类当中的元素平方和最小。使得每个分类内具有大致相同的值，组间的变化是连续的。这种方法对于非正态分布数据具有较好的划分，比如数据形态呈较为严重的偏移，或含重复数据的数据集。

（5）标准差分类法（SD）

方差分析是计算每个数据的平均值与标准差，离散点是通过计算标准差成比例的等值范围创建分类间隔。大的标准差是远离平均值，小的标准差是数据比较聚集且靠近平均值。标准差分类法较为适合正态分布的数据，用于表现与均值相异的程度。

4.5.2 公路因素的空间分异特征

前文研究发现栅格大小所带来的尺度效应对于不同离散方法带来的划区效应有一定影响，所以本书将各地名文化景观的空间密度栅格大小统一设置为 10 000 米，并利用等间距分类法（Equal）、自然断点分类法（Natural）、等量分类法（Quantile）、几何分类间隔法（Geometric）、标准差分类法（SD）将公路距离、铁路距离和水路距离离散化为类型量，并通过地理探测器得到Q统计值，比较不同离散化方法，从而找出最优的离散化方法。

本节通过比较不同的离散化方法，分析公路距离与MAR地名文化景观的空间分异情况，见表4-11。等量分类法和标准差分类法的离散化结果一直保持在较高的水平，对于MAR地名文化景观空间分异的解释能力稳定在9%左右。自然断点分类法和几何分类间隔法在间隔数小于4时是急速上升的趋势，其中自然断点分类法在间隔数大于4之后保持稳定，与等量分类法和标准差分类法得到的结果相近。但是几何分类间隔法在间隔数大于5之后出现了一定的下降后逐渐上升，在分类数为8时与标准差分类法相近达到8.36%。等间距分类法是一个持续上升的过程，从间隔数为1时解释能力为0.96%，到间隔数为10时解释能力达到8.18%。其原因为等间距分类法是不考虑数据的空间分布而直接按照划分数目分隔的，但是MAR地名文化景观与公路距离是聚集性很强的数据，所以会随着间隔数目的增加而增加空间分异程度。

表4-11　　**各语源地名与公路距离空间分异的划区效应**

语源	分类数	Equal	Natural	Quantile	Geometric	SD
MAR	2	0.0096	0.0275	0.0799	0.0048	0.0581
	3	0.0228	0.0466	0.0863	0.0390	0.0831
	4	0.0333	0.0773	0.0886	0.0761	0.0831
	5	0.0433	0.0836	0.0927	0.0805	0.0866
	6	0.0541	0.0859	0.0931	0.0724	0.0866
	7	0.0643	0.0889	0.0937	0.0753	0.0866
	8	0.0730	0.0904	0.0933	0.0836	0.0866
	9	0.0775	0.0917	0.0937	0.0881	0.0866
	10	0.0818	0.0914	0.0947	0.0883	0.0866
ML	2	0.0278	0.0663	0.0933	0.0057	0.1120
	3	0.0542	0.1059	0.1209	0.0336	0.1112
	4	0.0822	0.1160	0.1256	0.0733	0.1113
	5	0.1026	0.1236	0.1240	0.1052	0.1253
	6	0.1128	0.1264	0.1272	0.1181	0.1253
	7	0.1162	0.1275	0.1285	0.1127	0.1256
	8	0.1193	0.1287	0.1297	0.1098	0.1260

续表

语源	分类数	Equal	Natural	Quantile	Geometric	SD
	9	0.1222	0.1303	0.1299	0.1124	0.1261
	10	0.1246	0.1302	0.1299	0.1152	0.1261
汉语	2	0.0495	0.1287	0.2322	0.0154	0.2340
	3	0.1068	0.2071	0.2745	0.0845	0.2539
	4	0.1557	0.2657	0.2794	0.1956	0.2541
	5	0.1965	0.2722	0.2876	0.2558	0.2811
	6	0.2268	0.2807	0.2897	0.2510	0.2811
	7	0.2457	0.2849	0.2929	0.2432	0.2812
	8	0.2622	0.2898	0.2936	0.2509	0.2813
	9	0.2713	0.2903	0.2951	0.2619	0.2813
	10	0.2763	0.2903	0.2953	0.2742	0.2813
蒙古语	2	0.0250	0.0441	0.0202	0.0002	0.0432
	3	0.0424	0.0531	0.0412	0.0029	0.0501
	4	0.0520	0.0512	0.0503	0.0126	0.0527
	5	0.0557	0.0547	0.0528	0.0282	0.0560
	6	0.0545	0.0540	0.0522	0.0427	0.0560
	7	0.0540	0.0555	0.0547	0.0502	0.0567
	8	0.0561	0.0557	0.0555	0.0497	0.0569
	9	0.0557	0.0565	0.0560	0.0460	0.0569
	10	0.0568	0.0562	0.0560	0.0480	0.0569

利用不同离散方法，对公路距离与ML地名文化景观的空间分异解释能力进行分析，得到等间距分类法同样也是持续上升的过程。而自然断点分类法、等量分类法和标准差分类法在间隔数等于5时趋于一致，并且随着间隔数的增加保持稳定，保持在12%左右。其中等量分类法和自然断点分类法在间隔数为5之前是缓慢上升的，而标准差分类法在

间隔数为 2～4 时保持在 11.2% 的解释能力，在间隔数大于 4 时有小幅上升，并达到 12.61% 的解释能力。几何分类间隔法在分类数为 6 时达到最大解释能力（11.81%），间隔数小于 6 时为快速上升的过程，间隔数大于 6 之后为一个缓慢的波动起伏过程。其中最优化的离散方法为自然断点分类法，这也可以通过 ML 地名文化景观和公路距离的散点发现，有较为明显的分割趋势，且随着分类数目增加，离散化结果能更好地体现空间分异特征。

汉语地名文化景观与公路距离的不同离散化方法与 MAR 地名文化景观与公路距离的离散化方法的分布相接近。等间距分类法的解释能力会随着分割数目的增加而增大，而几何分类间隔法在间隔数小于 5 时是快速上升过程，在间隔数为 5 时达到 25.58% 的解释能力，在间隔数大于 5 之后是一个波动的过程，具体来说在间隔数为 6 和 7 时下降到 25.10% 和 24.32%，而在间隔数为 7 时缓慢上升到 25.09%，最终在间隔数为 10 时达到 27.42% 的解释能力。等量分类法和标准差分类法一直保持较高且较为稳定的空间分异特征，解释能力为 28% 左右。自然间隔在间隔数小于 4 之前快速上升，并在之后与分位数法和标准差法相似，达到 28%。

分析蒙古语地名文化景观分布与公路距离的散点图发现，在中等距离时有一定的起伏波动。这种分布体现在离散方法上，等量分类法和等间距分类法具有较为相同的空间分异的解释能力，在间隔数小于 4 时为急速上升阶段，间隔数大于 4 之后稳定保持 5% 左右。自然断点分类法和标准差分类法一直保持着较为稳定的分异性，对于空间分异情况的解释能力达到 5.5%～5.6%。几何分类间隔法在间隔数为 7 时达到最高值，为 5.02%，间隔数小于 7 时是快速上升阶段，在间隔数大于 7 后小幅波动。

综合以上几种语源的地名文化景观与公路距离的离散化方法来看，几何分类间隔法的空间分异能力在达到一定间隔数之前是急速上升，之后是小幅的波动起伏。等间距分类法的空间分异能力随着分类数的增加而出现线性增加。等量分类法、标准差分类法以及自然断点分类法在间隔数小于 5 前，都是缓慢上升的过程，当间隔数大于 4 后，会在一定数值保持稳定。这是因为几何分类间隔法可以体现聚集数据的非正态分布，所以能够随着分类数的不同而变化。

表 4-12 为各语源地名与公路距离空间分异的最优离散化方法，即达到最优空间分异解释能力的分类数。其中，MAR 地名文化景观的最优离散化方法为等量分类法，分类数为 10。ML 地名文化景观的最优离散化方法为自然断点分类法，分类数为 9。汉语地名文化景观的最优离散化方法为等量分类法，分类数为 10。蒙古语地名文化景观的最优离散化方法为标准差分类法，分类数为 10。

表4-12　　各语源地名与公路距离空间分异的最优离散化方法

语源	方法	分类数	间隔大小	中断值
MAR	Quantile	10	1 233	6.5240
			1 233	5 108.4169
			1 233	10 847.5141
			1 233	17 024.8499
			1 233	24 492.6258
			1 233	33 612.8307
			1 233	45 005.9115
			1 233	62 089.8862
			1 233	93 527.8607
			1 233	154 772.0913
				378 791.4979
ML	Natural	9	3 917	6.5240
			2 874	18 210.2890
			1 939	38 802.6200
			1 186	63 879.5526
			835	95 944.0248
			677	134 415.5706
			420	178 688.6401
			298	232 255.6232
			184	294 884.3853
				378 791.4979
汉语	Quantile	10	1 233	6.5240
			1 233	5 108.4169
			1 233	10 847.5141

续表

语源	方法	分类数	间隔大小	中断值
			1 233	17 024.8499
			1 233	24 492.6258
			1 233	33 612.8307
			1 233	45 005.9115
			1 233	62 089.8862
			1 233	93 527.8607
			1 233	154 772.0913
				378 791.4979
蒙古语	SD	10	1 856	6.5240
			5 226	7 806.4992
			2 200	41 888.7573
			976	75 971.0155
			660	110 053.2736
			505	144 135.5318
			299	178 217.7900
			193	212 300.0481
			173	246 382.3063
			242	280 464.5644
				378 791.4979

4.5.3 水路因素的空间分异特征

MAR 地名文化景观与水路距离的空间分异分布，在间隔数为 8 时各种离散方法趋于一致，而分类数小于 8 时，几何分类间隔法、等间距分类法和标准差分类法有着随着间隔数增加而增加的趋势。但是等量分类法在间隔数小于 4 之前是快速上升阶段，在分类数为 4~8 之间有着缓慢的回落过程。而自然断点分类法，在间隔数达到 5 时达到了最大值 0.84%，并在分类数目达到 6 时又下降到 0.74%，之后随着分类数目增加趋于稳定。

对于 ML 地名文化景观与水路距离的空间分异分布，标准差分类法、自然断点分类法和等量分类法得到的结果相似，都是缓慢上升并趋于稳定。等间距分类法是随着间隔数增加而增加，几何分类间隔法是间隔数目小于5前快速上升，间隔数目大于5后趋于平缓。

对于汉语地名文化景观与水路距离的空间分异分布，自然断点分类法、标准差分类法和等量分类法得到的结果也趋于一致，间隔数在3～9之间是保持稳定的过程，而在间隔数为2和10时有小幅的变化。等间距分类法随着间隔数目增加波动加大。几何分类间隔法间隔数小于5时，随着间隔数目增加而快速增加，并达到最高值0.71%，之后随着间隔数目的增加有小幅的回落。

分析蒙古语地名文化景观与水路距离的散点图发现，数值主要聚集在40 000米以内，几何分类间隔法随着间隔数的增加逐渐上升，在间隔数为7时达到最高值4.58%，之后随着间隔数目的增加，解释能力下降，这种分布是因为每个层内的平方和最小。等量分类法会随着间隔数据增加而缓慢增加，这是因为每个间隔内的数目一致，而间隔数目越大越能够区分水路距离。等间距分类法和标准差分类法在间隔数目小于4之前是急速增加的，这是因为在间隔数目为2和3时，距离较远的地名数据较少，并不能很好地体现分类情况。而自然断点分类法一直保持着较高的值，能够体现出空间分异特征。在间隔数大于8之后，等间距分类法、自然断点分类法和标准差分类法较为接近。各语源地名与水路距离空间分异的划区效应见表4-13。

表4-13　　　各语源地名与水路距离空间分异的划区效应

语源	分类数	Equal	Natural	Quantile	Geometric	SD
MAR	2	0.0015	0.0052	0.0032	0.0000	0.0045
	3	0.0043	0.0070	0.0047	0.0009	0.0062
	4	0.0065	0.0073	0.0061	0.0025	0.0072
	5	0.0068	0.0084	0.0060	0.0045	0.0077
	6	0.0070	0.0074	0.0062	0.0058	0.0076
	7	0.0073	0.0079	0.0068	0.0069	0.0078
	8	0.0077	0.0076	0.0075	0.0071	0.0080
	9	0.0078	0.0077	0.0075	0.0069	0.0080

续表

语源	分类数	Equal	Natural	Quantile	Geometric	SD
	10	0.0078	0.0079	0.0078	0.0063	0.0080
ML	2	0.0007	0.0162	0.0119	0.0015	0.0149
	3	0.0055	0.0178	0.0167	0.0032	0.0186
	4	0.0120	0.0190	0.0186	0.0105	0.0199
	5	0.0148	0.0208	0.0197	0.0161	0.0199
	6	0.0165	0.0203	0.0202	0.0171	0.0207
	7	0.0188	0.0212	0.0207	0.0171	0.0213
	8	0.0193	0.0207	0.0206	0.0170	0.0214
	9	0.0200	0.0211	0.0213	0.0179	0.0215
	10	0.0213	0.0212	0.0210	0.0173	0.0215
汉语	2	0.0000	0.0047	0.0062	0.0004	0.0075
	3	0.0005	0.0074	0.0074	0.0016	0.0070
	4	0.0035	0.0077	0.0079	0.0053	0.0079
	5	0.0053	0.0082	0.0081	0.0071	0.0081
	6	0.0053	0.0084	0.0079	0.0058	0.0079
	7	0.0072	0.0082	0.0083	0.0061	0.0083
	8	0.0081	0.0083	0.0084	0.0058	0.0085
	9	0.0085	0.0081	0.0080	0.0073	0.0086
	10	0.0090	0.0090	0.0079	0.0071	0.0087
蒙古语	2	0.0030	0.0395	0.0166	0.0005	0.0232
	3	0.0331	0.0453	0.0281	0.0046	0.0363
	4	0.0454	0.0467	0.0333	0.0134	0.0479
	5	0.0463	0.0499	0.0394	0.0267	0.0518
	6	0.0496	0.0522	0.0446	0.0387	0.0513

续表

语源	分类数	Equal	Natural	Quantile	Geometric	SD
	7	0.0501	0.0526	0.0460	0.0458	0.0523
	8	0.0528	0.0530	0.0484	0.0445	0.0532
	9	0.0554	0.0561	0.0491	0.0412	0.0539
	10	0.0536	0.0557	0.0510	0.0396	0.0545

　　基于表4-13选择各语源地名文化景观和水路距离的最优化的离散化方法，即达到最优空间分异解释能力的分类数（见表4-14）。其中，MAR 地名的最优离散化方法为自然断点分类法，分类数目为5。汉语地名的最优离散化方法为自然断点分类法，分类数为10。ML 地名的最优离散化方法为标准差分类法，分类数为10。而对于蒙古语地名文化景观的分布，自然断点分类法的分类数为9，可作为最优离散化方法。

表4-14　　各语源地名与水路距离空间分异的最优离散化方法

语源	方法	分类数	间隔大小	中断值
MAR	Natural	5	5 175	3.1100
			3 868	7 041.6561
			2 203	15 023.8428
			842	26 177.7616
			242	44 547.3822
				100 471.1776
ML	SD	10	529	3.1100
			4 033	726.1751
			3 130	6 166.9887
			2 001	11 607.8023
			1 111	17 048.6158
			592	22 489.4294
			353	27 930.2430

续表

语源	方法	分类数	间隔大小	中断值
			201	33 371.0566
			130	38 811.8701
			250	44 252.6837
				100 471.1776
汉语	Natural	10	2 884	3.1100
			2 645	3 766.3713
			2 277	7 666.3078
			1 709	11 848.7127
			1 167	16 404.9803
			730	21 653.4835
			460	28 105.3015
			279	36 559.3025
			138	48 316.7455
			41	64 933.2540
				100 471.1776
蒙古语	Natural	9	3 139	3.1100
			2 778	4 092.4553
			2 403	8 339.5420
			1 744	13 047.4850
			1 126	18 570.1127
			633	25 633.0464
			307	34 928.0267
			156	47 011.7394
			44	64 112.7933
				100 471.1776

　　综上所述，植被以及交通因素对于民族分布的空间分异影响，在可塑性面积单元问题下，具有很强的划区效应。通过空间分异特征分析得出，植被类型在相同的地名密度栅格大小下，植被型的解释能力较大。而对于交通距离使用不同的离散方法，交通因素对于民族分布的解释能力不同，但随着分类数目的增加，基于各离散方法得到的结果趋于平稳。

5 东北地区地名文化景观分布影响因素分析

5.1 人文影响因素及其分布

清朝时期东北地区的经济文化等人文要素分布都与柳条边的划分有关。清朝时期清政府建立了柳条边，满族主要分布在柳条边以东，蒙古族主要分布在柳条边以西，汉族主要分布在柳条边以南。所以本书将柳条边作为一种影响因素，但柳条边并没有将东北地区完整的划分为几个单独区域。嫩江和松花江流域是东北地区原住民的聚居地，具有十分重要的地位。同时由于柳条边和松花江地区有交会，所以本书结合柳条边以及嫩江和松花江将东北地区划分为三个部分。其中，区域1指代辽东的柳条边的老边地区，从山海关到凤凰城边门，中间在威远堡接合。区域2指代新边地区，从威远堡到法特哈边门，由于其与松花江有交会，因此松花江和嫩江将吉林省和黑龙江省的绝大部分划分为2区。区域3指代柳条边以西的部分，自柳条边设立以来，柳条边以西一直为蒙古族聚居地区，也是现今的内蒙古东四盟的绝大部分。

东北地区的城镇从后金辽东城堡到边外七镇，东北地区的聚落多建立在古代交通线上。清初到鸦片战争之前，因军事和政治因素，兴建了一批平原城镇，这些城镇的建立同时与移民的迁移路线密切相关。近代东北地区的闯关东移民多来自华北平原，1858年《天津条约》签订后，牛庄（今营口）开埠，山东和辽宁以渤海湾相隔，山东移民多从水路进入东北地区，而直隶（今河北）移民与辽宁省是相邻省份，则多是从陆路进入东北地区。公路交通一直是清朝时期重要的交通方式，现今的公路也是在原有的大车路的基础上建立的（Wang等，2012），所以本书用现今的公路来代替当时的公路。而河流既是水资源，又具有水路交通的作用。

东北地区的主要铁路是基于南满铁路和东清铁路建设的。清末，东北地区的铁路网逐渐建立，打破了东北地区一直以来的荒凉之势。于1896—1903年建立的中东铁路，以及随后建立的吉敦铁路、敦图铁路、龙舒铁路等铁路交通，对于输送华北地区的汉族移民有着重要作用。修建铁路雇用了大量的汉族劳工，这些劳工也是东北地区汉族移民的一部分，不仅促进了清末中国东北地区的经济社会发展，而且加快了关中人口向东北地区的迁移，使得东北地区的人口聚集数量增多，铁路沿线发展了很多新兴城镇。目前东北地区汉族城镇也多是在这个时期逐渐发展起来的，但是东北地区的高铁是近期才有的，对于地名分布的影响较小，本书没有将其作为影响因素考虑。

因为前文已经分析了不同离散方法下公路距离和水路距离对于地名文化景观分布的影响，本节将公路距离、河流距离作为地名文化景观分布的影响因子。依据前文分析得到的各个交通因素最优离散方法来划分距离数据，并依据距离的由近及远赋值属性代码。东北地区铁路网独具一格、自成体系，成为全国铁路网的一个分网，总长度达1.3万千米，占全国铁路长度的24%；铁路密度1.04千米/100平方千米，相当于全国铁路网密度的2倍。

东北铁路网以哈尔滨、沈阳为中心，以东西延伸的滨州线、滨绥线为横轴，以南北走向的哈大线为纵轴，组成"T"字形骨架，吸引着70

余条干支线，组成了东北地区庞大的铁路运输系统。东北地区主要铁路干线还有沈丹线、沈吉线、平齐线、长图线、哈佳线、滨北线、通让线和通向林区的嫩林线、牙林线等。

采用同样方法获得铁路距离的最优离散方法，铁路距离应用不同离散方法、不同分类数目变化较大，其中蒙古语地名的铁路距离采用等间距分类法，其他地名均采用等量分类法（见表5-1）。MAR地名文化景观的最优离散化方法为等量分类法，分类数目为10。ML地名文化景观的最优离散化方法为等量分类法，分类数为10。汉语地名文化景观的最优离散化方法为等量分类法，分类数为10。而对于蒙古语地名文化景观的分布，等间距分类数为9可作为最优离散化方法。

表5-1　　**各语源地名与铁路距离空间分异的最优离散化方法**

语源	方法	分类数	间隔大小	中断值
MAR	Quantile	10	1 233	2.4494
			1 233	4 774.8588
			1 233	9 785.0342
			1 233	15 340.8288
			1 233	21 586.0992
			1 233	28 501.7616
			1 233	36 687.2636
			1 233	46 591.7992
			1 233	59 735.1734
			1 233	85 756.2864
				226 384.6263
ML	Quantile	10	1 233	2.4494
			1 233	4 774.8588
			1 233	9 785.0342
			1 233	15 340.8288

续表

语源	方法	分类数	间隔大小	中断值
			1 233	21 586.0992
			1 233	28 501.7616
			1 233	36 687.2636
			1 233	46 591.7992
			1 233	59 735.1734
			1 233	85 756.2864
				226 384.6263
汉语	Quantile	10	1 233	2.4494
			1 233	4 774.8588
			1 233	9 785.0342
			1 233	15 340.8288
			1 233	21 586.0992
			1 233	28 501.7616
			1 233	36 687.2636
			1 233	46 591.7992
			1 233	59 735.1734
			1 233	85 756.2864
				226 384.6263
蒙古语	Equal	9	5 592	2.4494
			3 432	25 156.0246
			1 710	50 309.5998
			744	75 463.1750
			380	100 616.7503
			237	125 770.3255

语源	方法	分类数	间隔大小	中断值
			142	150 923.9007
			75	176 077.4759
			18	201 231.0511
				226 384.6263

5.2 自然影响因素及其分布

地名的命名与周围生态环境相关，生态语言学的研究主要是语言作为生态环境的一部分，受到所在生态环境的影响所发生的变化。而生态环境因素包括温度、湿度、河流、地形、土壤、坡度、坡向等各种自然因素。前文已经分析得到东北地区的不同语源地名当中有很多反映地理以及植被情况，同时对于传统生活生产方式为渔猎、狩猎文化区域来说，自然环境是选择聚居地的重要依据。而且东北的历史发展变化较大，所以本书选取相对稳定的因子来分析其对于地名文化景观分布的影响，比如地形地貌数据、土壤、植被以及温度与干湿状况分布情况。

地形因素是影响地名文化景观的主要因素，本书选取地貌类型、坡度和坡向三个影响因素。利用来源于 SRTM 90m 的 DEM 数据生成坡度和坡向数据，其中坡度的分类是按照耕地坡度分级，依据所处地势的坡面坡度而划分的级别。根据中国农业区划委员会颁布的《土地利用现状调查技术规程》将耕地坡度分为五级，即≤2°、2°~6°、6°~15°、15°~25°、>25°。坡向是按照坡向类型进行划分的，按照其对应方向为坡向，表示不同属性代码，如表5-2所示。

土壤也是影响地名文化景观分布的主要因素之一，不同土壤类型影响不同农作物的空间分布，进而对于地名文化景观的空间分布产生影响。本书的土壤类型空间分布数据依据《1∶100万中华人民共和国土壤图》，采用了传统的"土壤发生分类"系统，共分为12土纲。地表的植被类型同样是影响地名文化景观分布的主要因素之一，基于前文对于植被因素的尺度效应与划区效应的分析，本书选用能够较好表现地名文化景观分布的植被型作为影响因素来分析。

东北地区的地名文化景观分布具有空间分异性，生态环境具有生态异质性，而这种生态异质性对于地名文化景观的空间分布具有影响。基于此，本书选用了中国地区的生态地理分区，是基于温度和干湿状况划分以及其他生态因素所划分的生态地理分区，可以较好地体现出中国东北地区的生态环境。生态地理分区按照水热条件和植被土壤等因素，将中国东北地区分为如表5-2所示的区域。

表5-2 自然因素属性表

影响因素	属性及代码	缩写
生态地理分区	IA1 大兴安岭北段山地落叶针叶林区 ⅡA1 三江平原湿地区 ⅡA2 小兴安岭长白山地针叶林区 ⅡA3 松辽平原 东部山前台地针阔叶混交林 ⅡB1 松辽平原中部森林草原区 ⅡB2 大兴安岭中段山地草原森林区 ⅡB3 大兴安岭北段西侧森林草原区 ⅡC1 西辽河平原草原区 ⅡC2 大兴安岭南段草原区 ⅡC3 内蒙古东部草原区 ⅡC4 呼伦贝尔草原区 ⅢA1 辽东胶东低山丘陵落叶阔叶林、人工植被区 ⅢB2 华北平原人工植被区 ⅢB3 华北山地落叶阔叶林区	分区
温度带	1寒温带 （Ⅰ） 2中温带 （Ⅱ） 3暖温带 （Ⅲ）	温度

续表

影响因素	属性及代码	缩写
干湿状况	1 湿润地区（A） 2 半湿润地区（B） 3 半干旱地区（C）	湿度
土壤	10 淋溶土 11 半淋溶土 12 钙层土 15 初育土 16 半水成土 17 水成土 18 盐碱土 19 人为土 22 城区 24 湖泊、水库 25 江、河	土壤
坡度	1 < 2° 2 2°-6° 3 6°-15° 4 15°-25° 5 >25°	坡度
坡向	1 平地 2 北（0-22.5°） 3 东北（22.5°-67.5°） 4 东（67.5°-112.5°） 5 东南（112.5°-157.5°） 6 南（157.5°-202.5°） 7 西南（202.5°-247.5°） 8 西（247.5°-292.5°） 9 西北（292.5°-337.5°） 10 北（337.5°-365°）	坡向

续表

影响因素	属性及代码	缩写
地形	1 平原 2 台地 3 丘陵 4 小起伏山地 5 中起伏山地 6 大起伏山地 7 极大起伏山地	地形

生态地理分区体现了不同温度带的划分带来的差异，所以本书选用了生态地理分区所划分的不同温度带。生态地理分区的温度带是按温度及植被、土壤等自然要素组合划分出寒温带到赤道热带九个温度带。在本书中的中国东北地区有三个温度带。其中，东北平原大部分属于中温带，只有大兴安岭的北部属于寒温带，辽宁南部沿海的部分以及靠近河北的地区属于暖温带。

本书也选用了生态地理分区中的干湿状况的划分来体现不同干湿区域所带的差异。干湿状况是在温度带内，按干湿程度引起的生态地域差异，将某区域划分为湿润、半湿润、半干旱、干旱四类干湿地区，分别对应森林、森林草原（包含草甸）、草原及荒漠四种植被类型。在本书中因为东北地区没有干旱地区，主要是划分为三个区域，其中区域1为A湿润地区，区域2为B半湿润地区，区域3为C半干旱地区。

5.3 影响因素的因子探测

前文利用核密度方法得到不同语源地名文化景观的空间分布情况，分析得出ML地名文化景观主要分布在柳条边以东，同时该地区也是传统文化的发祥地；MAR地名文化景观目前主要分布在柳条边以南，这里在清朝之前也是汉族聚居地；汉语地名文化景观多数分布在东北地区的平原地区；蒙古语地名文化景观一直分布在柳条边以西地区。本节根据不同因素对地名文化景观空间分布解释能力的大小，判断各地名文景观空间分异情况的主要影响因素。

通过因子探测发现（见表5-3），ML地名文化景观的空间分异与柳条边的空间分异的一致性达到38.20%，与生态地理分区的空间分异一致性达到35.87%，说明和ML地名文化景观的空间分布较为相近，是主要的影响因子。对于MAR地名文化景观来说同样，柳条边的解释能力30.07%和生态地理分区的解释能力38.14%，同样是影响因素的前两位。而排在第三位的因素并不相同，其中ML地名文化景观分异与湿度分异的一致性20.51%排在第三位，说明ML地名文化景观的空间分异主要受到湿度的影响，而排在MAR地名文化景观的空间分异的第三位的影响因素是温度，一致性为24.97%。而对于ML和MAR地名文化景观分异情况具有较大影响的因子，排在第四位和第五位的都是植被型和公路，且所有因素都符合检验标准。

表5-3 因子探测结果

分类	MAR	ML	汉语	蒙古语
植被型	0.2047	0.1609	0.3649	0.3666
温度	0.2497	0.0567	0.1536	0.0346
湿度	0.0306	0.2051	0.0632	0.5678
柳条边	0.3007	0.3820	0.3633	0.2096
分区	0.3814	0.3587	0.4500	0.7034
坡度	0.0033	0.0021	0.0319	0.0519
坡向	0.0008	0.0038	0.0046	0.0135
地形	0.0040	0.0258	0.0676	0.0504
土壤	0.0343	0.0859	0.1224	0.3901
铁路	0.0650	0.0951	0.1484	0.0126
河流	0.0086	0.0221	0.0096	0.0567
公路	0.0954	0.1305	0.2958	0.0572

对于汉语地名文化景观空间分异来说，生态地理分区的解释能力达到45%，说明与汉语地名文化景观空间分异的一致性已经达到了45%。而柳条边和植被型的解释能力较为接近，其中植被型的解释能力（36.49%）稍大于柳条边的解释力（36.33%），说明植被型和柳条边的空间分异情况同样能够较好地体现汉语地名文化景观的空间分异情况。从汉语地名文化景观空间分异的解释能力来看，公路距离（29.58%）也是有重要解释作用的影响因素。与满语地名文化景观的影响能力不同，温度对于汉语地名文化景观的空间分异解释能力排在第五位（15.36%），而湿度的解释能力仅为6.32%。

蒙古语地名文化景观的生态地理分区的解释能力高达70.34%，说明与蒙古语地名文化景观的空间分异情况达到70.34%的一致性，说明生态地理条件是蒙古语地名文化景观分布的主要划分依据。湿度达到了56.78%的解释能力，说明蒙古语地名文化景观分布主要受到生态地理分区中的湿度的影响。同时，影响力较强的有土壤（39.01%）、植被型（36.66%）和柳条边（20.96%）。其中，柳条边并不像汉语地名文化景观和满语地名文化景观具有较强的影响力，蒙古语地名文化景观分布受到交通距离等人文因素影响较小，说明影响蒙古语地名文化景观分布的主要是自然因素，人文因素并不是蒙古语地名文化景观分布的主导因素。

5.4 影响因素的交互作用探测

5.4.1 MAR地名的影响因素交互作用分析

表5-4体现了各种因素交互作用能够解释MAR地名文化景观的空间分异的能力。其中，最大的是生态地理分区和柳条边，达到了0.5370，即两者的交互作用可以解释53.70%的MAR地名文化景观分布的空间异质性。其次为生态地理分区和土壤的交互作用（47.71%），以及生态地理分区和植被类型的交互作用（47%）。说明生态地理分区是影响MAR地名文化景观空间格局的主要因素。

表5-4

MAR地名各影响因素空间分异交互作用表

	植被型	温度	湿度	柳条边	生态地理分区	坡度	坡向	地形	土壤	铁路	河流	公路
植被型	0.2047											
温度	0.3366	0.2497										
湿度	0.2531*	0.2994*	0.0306									
柳条边	0.4398	0.3928	0.3190	0.3007								
生态地理分区	0.4700	0.3814	0.3814	0.5370	0.3814							
坡度	0.2063	0.2507	0.0369*	0.3041	0.3853*	0.0033						
坡向	0.2139*	0.2573*	0.0352*	0.3087*	0.3917*	0.0058*	0.0008					
地形	0.2227*	0.2577*	0.0378*	0.3163*	0.4118*	0.0062	0.0087*	0.0040				
土壤	0.2810*	0.3109*	0.0778*	0.3327	0.4771*	0.0432*	0.0391*	0.0465*	0.0343			
铁路	0.2577	0.2887	0.1025*	0.3267	0.4184	0.0737*	0.0730*	0.0759*	0.1028*	0.0650		
河流	0.2248*	0.2671*	0.0415*	0.3088*	0.3992*	0.0137*	0.0115*	0.0147*	0.0397	0.0774*	0.0086	
公路	0.2664	0.2895	0.1499*	0.3365	0.4224	0.0986	0.1058*	0.1041*	0.1397*	0.1372*	0.1107*	0.0954

注：* 表示非线性增强。

表5-4中的任何两种因素的交互作用都会得到增强作用，分为两种增强类型：一种是双因子增强，即两种因素的交互作用得到的结果大于这两种因素的单独作用；另一种是非线性增强，即两种因素的交互作用大于两种因素的单独作用之和，这种增强模式能够更好地体现民族分布的空间异质性，所以本节主要分析能够产生非线性增强的因素。

湿度分区的单独作用力为3.06%，而与植被型（20.47%）的交互作用为25.31%，与温度（24.97%）的交互作用提高为29.94%，与坡度（0.33%）的交互作用为3.69%，与坡向（0.08%）的交互作用为3.52%，与地形（0.40%）的交互作用为3.78%，与土壤（3.43%）的交互作用为7.78%，与铁路距离（6.50%）的交互作用为10.25%，与河流距离（0.86%）的交互作用为4.15%，与公路距离（9.54%）的交互作用为14.99%，都是非线性增强。湿度分区和温度分区交互作用之后得到的就是生态地理分区，所以会与生态地理分区的作用相一致，以下各因素的交互作用同理。

坡度的单独作用解释能力较小为0.33%，但是与其他因素的交互作用多是非线性增强。例如，与湿度（3.06%）的交互作用增强为3.69%，与生态地理分区（38.14%）的交互作用增强为38.53%，与坡向（0.08%）的交互作用增强为0.58%，与土壤（3.43%）的交互作用增强为4.32%，与铁路距离（6.50%）的交互作用增强为7.37%，与河流距离（0.86%）的交互作用增强为1.37%。

坡向的单独作用影响力较小，仅为0.08%，但是与其他所有因素的交互作用都会得到非线性增强。具体来说，与植被型（20.47%）的交互作用增强为21.39%，与温度分区（24.97%）的交互作用增强为25.73%，与湿度分区（3.06%）的交互作用增强为3.52%，与柳条边（30.07%）的交互作用增强为30.87%，与生态地理分区（38.14%）的交互作用增强为39.14%，与坡度（0.33%）的交互作用增强为0.58%，与地形（0.40%）的交互作用增强为0.87%，与土壤（3.43%）的交互作用增强为3.91%，与铁路距离（6.50%）的交互作用增强为7.30%，与河流距离（0.86%）的交互作用增强为1.15%，与公路距离（9.54%）的交互作用增强为10.58%。

地形的单独作用较小为0.4%，与坡度（0.33%）的交互作用为双因子增强（0.62%），除此之外与其他因素都能够达到非线性增强的作用。这是因为地形与坡度的分异作用有一定的相似性，所以没有得到非线性增强。土壤的单独作用为3.43%，除了柳条边以及河流距离，与其他因素的交互作用都是非线性增强。柳条边（30.07%）与土壤的交互作用为33.27%，为双因子增强。这是因为柳条边为人为设置的界限，没有与土壤的相关性。河流的分布与土壤中的24湖泊和25江、河等分类的分布相一致，交互作用后增强效果不明显，仅为3.97%。而其他自然因素与土壤的分布特点都相关，所以交互作用都得到非线性增强。河流距离的单独作用为0.86%，与植被类型、温度分区、湿度分区、生态地理分区、坡度、坡向、地形及距离铁路和公路距离都是非线性增强，这是因为这些因素与水资源以及水路交通的空间分异特征有较强的关联，交互作用会得到非线性增强的作用。

MAR地名文化景观分布受到柳条边和生态地理分区的影响最大，且交互作用之后得到的划分可以解释53.7%的空间分异情况，并且与其他因子的交互作用较大。这是因为在选择住所时，地形虽然不是单个重要的因素，但是与地形相关的，包括坡向、河流、地形都对其他因素有促进作用。

综合分析影响因素交互作用与MAR地名文化景观空间分异的解释能力，可以看出生态地理分区与柳条边、湿度以及土壤的交互能够解释一半满族地名现今的分布情况。而交互作用会得到非线性增强的因素有湿度、坡度、坡向、地形、土壤以及河流距离，这些都是自然因素，说明满族现今的空间分布情况主要与这几种自然因素的空间分布密切相关。

5.4.2 ML地名的影响因素交互作用分析

表5-5体现了各种因素交互作用能够解释ML地名文化景观的空间分异的能力。其中，交互作用得到最高解释能力的因素是公路距离和柳条边，其中公路距离的单独解释能力为13.05%，柳条边的单独解释能力为38.20%，两者交互作用之后的解释能力大于两者之和，达到了

51.61% 的解释能力。铁路距离与柳条边的交互作用也有较高的解释度，其中铁路的单独解释度为 9.52%，与柳条边交互作用得到对于 ML 地名文化景观空间分异情况的解释度为 49.00%。公路距离与生态地理分区的交互作用同样具有较高的交互作用解释度，两者的单独作用分别为 13.05 和 35.87%，交互作用之后达到 50.95%，大于两者之和 48.92%。

表 5-5 中两种因子的交互都会得到增强作用，有些是双因子增强，即两者交互作用之后的解释度大于两者单独的解释度。还有一些因素与其他因素交互会有非线性增强的效果，即与该因素交互作用所得到的空间分异解释度大于两因素单独作用之和。例如，湿度的交互作用有非线性增强效果，湿度的单独解释能力为 20.51%，但是与植被型（16.09%）交互作用的解释能力达到 36.89%；与湿度（5.67%）的交互作用解释度达到 32.66%；与坡度（0.21%）的交互作用达到了 21.60% 的解释度；与坡向（0.38%）的交互作用的解释度达到 20.91%，与地形（2.58%）的交互作用解释度达到了 24.47%；与铁路距离（9.51%）的解释度达到了 31.37%；与公路距离的交互作用的解释能力得到很大的提升，公路距离的单独作用为 13.05%，与湿度的交互作用增强到 45.29%，大于两者作用之和 33.56%。

坡度单独解释 ML 地名文化景观空间分异的能力仅为 0.21%，但是与其他因素交互作用会得到非线性增强的作用。具体来说，与植被型（16.09%）的交互作用增强为 16.89%，与湿度（20.50%）的交互作用增强为 21.60%，与柳条边（38.20%）的交互作用增强为 38.66%，与生态地理分区（35.87%）的交互作用增强为 36.26%，与坡向（0.38%）的交互作用增强为 0.77%，与土壤（8.59%）的交互作用增强为 10.98%，与铁路距离（9.51%）的交互作用增强为 9.82%，与河流距离（2.21%）的交互作用增强为 2.57%，与公路距离（13.05%）的交互作用增强为 13.51%。

交互作用之后得到非线性增强的因素还有坡向，坡向（0.38%）与柳条边（38.20%）的交互作用为 38.55%，为双因子增强。除了与柳条边之外，坡向与其他所有因素的交互作用都是非线性增强。这同样是因为柳条边为人为划分，坡向对于其交互作用较小。地形

表5-5

ML地名各影响因素空间分异交互作用表

	植被型	温度	湿度	柳条边	生态地理分区	坡度	坡向	地形	土壤	铁路	河流	公路
植被型	0.1609											
温度	0.2005	0.0567										
湿度	0.3689*	0.3266*	0.2051									
柳条边	0.4606	0.3897	0.3920	0.3820								
生态地理分区	0.4495	0.3588	0.3588	0.4515	0.3587							
坡度	0.1686*	0.0585	0.2160*	0.3866*	0.3626*	0.0021						
坡向	0.1749*	0.0616*	0.2091*	0.3855	0.3631*	0.0077*	0.0038					
地形	0.1901*	0.0727	0.2447*	0.3900	0.3796	0.0267	0.0333*	0.0258				
土壤	0.2355	0.1694*	0.2630	0.4105	0.3965	0.1098*	0.0976*	0.1465*	0.0859			
铁路	0.2447	0.1776*	0.3137*	0.4900*	0.4802*	0.0982*	0.1049*	0.1235*	0.1729	0.0951		
河流	0.1897*	0.0819*	0.2167	0.3858	0.3687	0.0257	0.0318*	0.0519*	0.1031	0.1192*	0.0221	
公路	0.2658	0.1705	0.4529*	0.5161*	0.5095*	0.1351*	0.1421*	0.1508	0.2393*	0.1827	0.1556*	0.1305

注：* 表示非线性增强。

（2.58%）与植被型、湿度、铁路距离以及河流距离交互有非线性增强的作用，这是因为这些因素与地形分布的影响较大。土壤（8.59%）与温度、坡度、坡向、地形以及公路距离交互有非线性增强作用，这是因为温度、地形、坡度和坡向与土壤分布相关，而公路的建设对于土壤的分布也能够得到相互促进作用。而铁路距离与除了植被型、土壤和公路距离之外的因素交互都有非线性增强作用，这几个因素并不是铁路建设需要考虑的，所以交互作用为双因子增强。公路距离因素与铁路距离相似，与湿度、柳条边、生态地理分区、坡度、坡向、土壤和河流距离交互会产生非线性增强的作用。河流距离与植被型、温度、坡度、坡向、地形以及铁路距离交互有非线性增强作用，这是因为这些因素与河流的分布有关，所以交互作用会大于两者单独作用之和。

通过以上分析发现，解释能力较强的都是与柳条边以及生态地理分区交互作用得到的。而能够通过交互作用得到非线性增强的因素为湿度（7个）、坡度（9个）、坡向（10个）、地形（5个）、土壤（5个）、铁路距离（8个）、河流距离（7个）、公路距离（8个）。可以看出，人文因素对于ML地名文化景观的空间分布的解释能力较强，对地理环境的空间分布也有着促进作用。

5.4.3 汉语地名的影响因素交互作用分析

通过对地理探测器交叉探测表5-6的分析，我们发现任意两种变量对于汉语地名文化景观空间分布的交互作用都要大于其中任意一种变量的独自作用。其中，交互作用最大的是柳条边（36.33%）和生态地理分区（45.00%），达到了0.7177，说明能够解释71.77%汉语地名文化景观的空间分异性。其次是柳条边（36.33%）和植被型（36.49%）的交互作用，可以解释60.55%汉语地名文化景观的空间分异性。其他交互作用较大的，都是与柳条边和生态地理分区的交互作用，较多的交互作用在0.5左右，说明能够解释一半以上汉语地名文化景观的空间分异情况。

表5-6

汉语地名各影响因素空间分异交互作用表

	植被型	温度	湿度	柳条边	生态地理分区	坡度	坡向	地形	土壤	铁路	河流	公路
植被型	0.3649											
温度	0.4146	0.1536										
湿度	0.4126	0.1977	0.0632									
柳条边	0.6055	0.4469	0.4603*	0.3633								
生态地理分区	0.5591	0.4501	0.4501	0.7177	0.4500							
坡度	0.3747	0.1681	0.1302*	0.3955*	0.4574	0.0319						
坡向	0.3825*	0.1609*	0.0728*	0.3729*	0.4632*	0.0393*	0.0046					
地形	0.3928	0.2044	0.1590*	0.4384*	0.4767	0.0766	0.0783*	0.0676				
土壤	0.4481	0.2358	0.2349*	0.4864*	0.5234	0.1502	0.1411*	0.1720	0.1224			
铁路	0.4303	0.2793	0.2135*	0.4433	0.5168	0.1881*	0.1610*	0.2073	0.2544	0.1484		
河流	0.3871*	0.1669*	0.0823*	0.3812*	0.4739*	0.0437	0.0210*	0.0810*	0.1355*	0.1687*	0.0096	
公路	0.4817	0.3445	0.3813*	0.5295	0.5363	0.3105	0.3085*	0.3384	0.3669	0.3410	0.3104*	0.2958

注：* 表示非线性增强。

交互作用会得到非线性增强的因素主要有坡向（0.46%）、湿度（6.32%）、柳条边（36.33%）、河流距离（0.96%）。具体来说坡向单个因子的解释能力虽然很小，但是其他因素与坡向因素交互之后，都得到非线性增强，即大于两种因素的单独作用之和。同样，河流距离因素单独作用的解释能力仅有0.96%，但是与其他因素交互作用都是非线性增强的。而湿度除了与植被型、温度分区和生态地理分区的作用为双因素增强外，与其他因素都是非线性增强的。这是因为生态地理分区是基于湿度和温度因素得到的，所以湿度分区与温度分区的交互作用即得到生态地理分区的划分，温度和湿度的交互作用与生态地理分区的作用一致。而生态地理分区与植被型的分布有关，所以得到的并不是非线性增强作用。

柳条边的交互作用是非线性增强的，大于两种因素单独作用之和较多。具体来说，柳条边（36.33%）与湿度（6.32%）的交互作用增强到46.03%，与坡度（3.19%）的交互作用增强到39.55%，与坡向（0.46%）的交互作用增强到37.29%，与地形（6.76%）的交互作用增强到43.84%，与土壤（12.24%）的交互作用增强到48.64%，与河流距离（0.96%）的交互作用增强到38.12%。

通过交互作用表发现，汉语地名文化景观的分异情况，与柳条边和生态地理分区交互作用后的空间划分有较强的一致性。这是因为柳条边对于东北地区的封禁对于清朝末期迁移而来的汉族移民分布有较强的影响作用。湿度、河流距离和坡向虽然单独的影响力较小，但是跟其他因素交互作用之后，可以提高空间分异情况解释能力。结合坡向来看，因为汉语地名文化景观主要是农耕文化，所以更易选择在靠近水资源和坡向利于接收阳光的地方。

5.4.4　蒙古语地名的影响因素交互作用分析

基于空间分异交互作用表5-7可以发现，交互作用最大值产生在柳条边（20.96%）和生态地理分区（70.34%），可以解释蒙古语地名文化景观分布的73.24%的空间分异情况。其他因素与生态地理分区的交互作用也均达到70%以上的解释水平。与湿度的交互作用基本达到60%的解释能力。

表5-7

蒙古语地名各影响因素空间分异交互作用表

	植被型	温度	湿度	柳条边	生态地理分区	坡度	坡向	地形	土壤	铁路	河流	公路
植被型	0.3666											
温度	0.3796	0.0346										
湿度	0.6312	0.5684	0.5678									
柳条边	0.5239	0.3250*	0.5868	0.2096								
生态地理分区	0.7444	0.7035	0.7035	0.7324	0.7034							
坡度	0.3761	0.0806	0.6024	0.2909*	0.7115	0.0519						
坡向	0.3886*	0.0493*	0.5769	0.2247*	0.7121	0.0671*	0.0135					
地形	0.3944	0.0806	0.6149	0.2944*	0.7173	0.0709	0.0717*	0.0504				
土壤	0.5214	0.4099	0.6446	0.4967	0.7493	0.4093	0.4095*	0.4156	0.3901			
铁路	0.4161*	0.0463	0.5879*	0.2258*	0.7293*	0.0741*	0.0344*	0.0781*	0.4138*	0.0126		
河流	0.4014	0.0986*	0.5787	0.2389	0.7175	0.1022	0.0768*	0.1088*	0.4091	0.0816*	0.0567	
公路	0.4275*	0.0658	0.6004	0.3812*	0.7331	0.1035	0.0773*	0.1186*	0.4306	0.1064*	0.1290*	0.0572

* 表示非线性增强。

坡向虽然单独的空间分异解释能力较弱仅为 1.35%，但是与植被型、温度、柳条边、坡度、地形、土壤、铁路距离、公路距离、河流距离的交互作用都会得到非线性增强。而与湿度（56.78%）以及生态地理分区（70.34%）的交互作用则为双因子增强。

与柳条边的交互作用也有非线性增强作用，柳条边的单独作用达到 20.96%，但是与坡度（5.19%）的交互作用达到了 29.09%；与坡向（1.35%）的交互作用达到了 22.47%；与地形（5.04%）的交互作用达到了 29.44%；与铁路距离（1.26%）的交互作用达到了 22.58%；公路距离（5.72%）的交互作用达到了 38.12%。而地形除了与坡度的交互作用能够达到非线性增强，与铁路距离、河流距离、公路距离的交互作用也能够达到非线性增强。地形的单独作用为 5.04%，与铁路距离（1.26%）的交互作用达到了 7.18%，与河流距离（5.67%）的交互作用达到了 10.88%，公路距离（5.72%）的交互作用达到了 11.86%。

影响因素与铁路距离的交互作用同样产生非线性增强的作用，具体来说有植被型、湿度、柳条边、生态地理分区、坡度、坡向、地形、土壤，以及河流距离和公路距离。同样的还有公路距离（5.72%），与其交互作用非线性增强的有植被型、柳条边、坡向、地形、河流距离和铁路距离。因为铁路与公路是汉族移民进入的主要方式，这里体现为与其他文化的接触有关。

通过交互作用发现蒙古语地名文化景观的空间分异情况主要与生态地理分区相一致，达到 70%，并与湿度有很强的相关性。这是因为游牧文化、畜牧主要是依靠草场，草场分布与湿度强相关，降水以及蒸发量的多少对于草场的影响很大。而对于温度，因为是游牧民族，所以并不会有过多的影响。而地理分区很好理解，因为放牧本身对于生态地理的划分可以体现草地的分布情况，而游牧民族最重要的特征就是依据草地来分布。

5.5　影响因素的风险区探测

5.5.1　人文因素的空间分异特征

利用风险区探测器，得到每个影响因素每个子区域的平均影响力大小。各语源地名的密度分布值差异较大，相同影响因素对于每种语言地名文化景观的解释能力不同。本书重点分析的是每个因素对于各语源地名文化景观分布的相对差异性，所以本书按照风险区探测结果，即解释能力的平均值所占各地名文化景观的比例来分析。本书将每类语源的相同因素的驱动力用其所占比例显示出来。

柳条边对于东北地区地名文化景观的分布是主要的影响因素，在交互作用之中也是非常重要的因素（见表5-8）。分析柳条边因素，发现MAR和汉语地名文化景观中的柳条边以南区域1所占比例是最大的，分别有83.53%和65.62%，说明现今满语地名分布和汉语地名文化景观多是在柳条边以南地区。MAR和汉语地名文化景观在柳条边以东地区的比例为10.63%和20.64%。而ML地名文化景观在柳条边以南地区的比例为28.04%，ML地名文化景观大部分在柳条边以东的区域2具体有64.12%的比例。而蒙古语地名文化景观有76.72%在柳条边以西地区。

表5-8　　　　　　　　　　柳条边因素空间分异比例[①]

	MAR	ML	汉语	蒙古语
1	0.8353	0.2804	0.6562	0.1108
2	0.1063	0.6412	0.2064	0.122
3	0.0584	0.0784	0.1375	0.7672

这种分异情况是因为柳条边是清政府为了保护满族文化而划分的，为了阻止汉族和蒙古族进入柳条边以东的"龙兴之地"，也就是东北地区的封禁，从而形成了三边分布的格局。柳条边以东地区一直被认为是满族的发祥地，根据生态地理分区的划分可以发现，此地有丰富的森林

---

① 数据因四舍五入产生的误差，可忽略不计。

资源和水资源，所以满族的传统生活生产方式是渔猎、狩猎。当地气候湿润，属于中温带地区。在清朝时期，当地的大部分原住民随军队迁移到北京，史称"从龙入关"，后因为东北地区人口数量过少，清朝中期开始"移民实边"，旗人进入守护"龙脉"、朝贡山参等珍稀野生植物，建立骑射狩猎围场，以及部分流民流放此地。除了边外七镇，其他地区均未被开发。但是随着清朝末期封禁的解除，大量的华北地区汉族移民至此，现今已经是中国的重要商品粮基地，耕地为主要植被，农业为主要生产方式，且现今大部分人口是汉族。

从表5-9中可以看出，东北地区的满、汉和蒙古语地名文化景观与公路距离的空间分异特征具有相似的变化趋势，对于地名文化景观分布的解释能力都是随着公路距离的增加而逐渐减少。公路距离对于汉语地名文化景观分异情况的解释能力最强，其次为公路距离对于ML地名文化景观空间分异的解释能力与公路距离对蒙古语地名文化景观空间分异的解释能力，最后为公路距离对于MAR地名文化景观空间分异情况的解释能力。这是因为东北地区的汉族多为清朝末期移民而来，所以公路距离是影响汉族移民迁入地点的重要因素，一直有较高的解释能力。而ML地名文化景观在清朝建立之后，该地区主要为驻防的八旗官兵，守卫交通要塞是他们的主要职能，所以公路距离也是影响该地区的重要因素。而现今的满族聚居区主要是以清朝时期迁移到柳条边地区的满族逐步聚居而形成的，其主要分布在柳条边附近，所以公路距离对于MAR地名文化景观的空间分布情况影响较小。而蒙古语地名文化景观虽然在距离公路较近地区又与ML地名文化景观具有相近的较高影响力，但随着距离的增加，影响力快速下降，这是因为蒙古语地名文化景观以游牧文化为主，所以交通便利性是比较重要的影响因素。

表5-9　　　　　　　　　　公路距离因素空间分异比例

	MAR	ML	汉语	蒙古语
1	0.0196	0.0291	0.3518	0.0277
2	0.0178	0.0289	0.3417	0.0289
3	0.0172	0.0273	0.3283	0.0261

续表

	MAR	ML	汉语	蒙古语
4	0.0139	0.0261	0.3039	0.0146
5	0.0105	0.0244	0.2643	0.0115
6	0.0074	0.0210	0.2224	0.0074
7	0.0025	0.0177	0.1491	0.0041
8	0.0008	0.0095	0.0763	0.0010
9	0.0004	0.0049	0.0408	0.0000
10	0.0000	0.0043	0.0269	0.0000

从铁路距离对于各地名文化景观的空间分异的解释能力来看（见表5-10），汉语和满语地名文化景观具有相似的影响趋势，铁路对于汉语和满语地名文化景观的影响，都是随着距离的增加，其解释能力逐渐下降。同样，铁路距离对于汉语地名文化景观的空间分异具有最高的解释能力，这与东北地区铁路的建成有关。清末，南满铁路、东清铁路的相继建立，加快了汉族移民的迁移进程，并且汉族移民在铁路沿线建立了众多城镇，所以铁路距离具有非常重要的影响力。而满族的迁移在铁路建成之前就已经完成，所以铁路距离对于满语地名文化景观的空间分异解释能力较低。而与公路距离不同的是，随着到铁路距离的增加，蒙古语地名文化景观的空间分布密度却出现上升趋势。这是因为蒙古语地名文化景观主要分布在内蒙古的草原地区，使用铁路作为交通方式较少，且该地区修建的铁路较少，使得距离铁路较远的蒙古族居民较多，所以在距离铁路较远地区的分布比例更高。

表5-10　　　　　　　铁路距离因素空间分异解释能力

	MAR	ML	汉语	蒙古语
1	0.0181	0.0290	0.3221	0.0230
2	0.0164	0.0288	0.3044	0.0226
3	0.0153	0.0267	0.2895	0.0194

续表

	MAR	ML	汉语	蒙古语
4	0.0127	0.0240	0.2733	0.0222
5	0.0102	0.0223	0.2403	0.0361
6	0.0075	0.0201	0.2116	0.0410
7	0.0045	0.0152	0.1680	0.0403
8	0.0034	0.0118	0.1339	0.0237
9	0.0015	0.0097	0.0940	0.0131
10	0.0004	0.0055	0.0684	0.000

　　而河流距离同时作为水资源和水路交通，对于东北地区的不同语源地名文化景观分布具有较为复杂的解释能力，分布情况见表5-11。随着河流距离的增加，对于汉语地名文化景观空间分布的解释能力出现了先下降、后上升的趋势。这是因为作为水路交通，汉族移民会随着交通的便利性缺少而减少，但同时汉族以农耕作为其主要的生产方式，距离水资源的远近并不会影响其分布。同样，随着水资源的减少以及水路交通距离的增加，ML地名文化景观的分布逐渐降低，但对于部分狩猎为主的满族来说，距离水资源的距离并不是影响分布的主要因素。MAR地名文化景观的空间分布情况体现了随着河流距离增加而逐渐降低的趋势，这是因为清朝时期的满族已经不是以渔猎作为主要的生产方式，更多是对东北地区的驻防，所以对于水资源的需求较小。而随着河流距离的增加，其对蒙古语地名文化景观空间分异能力的解释能力上升，这是因为蒙古语地名所在地主要是以游牧文化为主，并不会选择距离水资源较近的地区，所以在距离河流较远地区反而有较多的蒙古语地名分布。

表5-11　　　　　　　　河流距离因素空间分异解释能力

	MAR	ML	汉语	蒙古语
1	0.0104	0.0244	0.2314	0.0184
2	0.0099	0.0223	0.2266	0.0187

续表

	MAR	ML	汉语	蒙古语
3	0.0071	0.0206	0.2154	0.0199
4	0.0037	0.0182	0.1939	0.0239
5	0.0008	0.0156	0.1913	0.0298
6	0.0000	0.0130	0.1659	0.0437
7	0.0000	0.0091	0.1607	0.0573
8	0.0000	0.0087	0.1788	0.0495
9	0.0000	0.0098	0.2294	0.0203
10	0.0000	0.0127	0.1802	0.0000

5.5.2 自然因素的空间分异特征

东北地区的生态地理分区是另一个有着重要影响作用的因素。通过对其进行风险区探测之后，按照各生态地理分区解释能力占整个语源地名文化景观所有生态地理分区解释能力的比例，来分析哪种生态地理分区具有最高的分布比例（见表5-12）。MAR 有 59.02% 的比例分布在Ⅲ B2 华北平原人工植被区，剩下的分布较多的生态地理区域是Ⅲ B3 华北山地落叶阔叶林区（19.52%）以及Ⅲ A1 辽东胶东低山丘陵落叶阔叶林、人工植被区（9.57%），MAR 地名分布主要是在Ⅲ暖温带 B 半湿润地区，其中以人工植被区域为主。

表5-12　　　　　　　　生态地理分区空间分异比例

	MAR	ML	汉语	蒙古语
ⅠA1	0.0000	0.0225	0.0099	0.0055
Ⅱ A1	0.0029	0.1730	0.0410	0.0000
Ⅱ A2	0.0230	0.2399	0.0651	0.0031
Ⅱ A3	0.0516	0.2876	0.1267	0.0311
Ⅱ B1	0.0270	0.1300	0.1493	0.1385

	MAR	ML	汉语	蒙古语
ⅡB2	0.0024	0.0180	0.0144	0.0231
ⅡB3	0.0000	0.0231	0.0096	0.0599
ⅡC1	0.0058	0.0148	0.0656	0.2787
ⅡC2	0.0061	0.0015	0.0563	0.1660
ⅡC3	0.0000	0.0000	0.0130	0.0455
ⅡC4	0.0000	0.0029	0.0043	0.1451
ⅢA1	0.0957	0.0769	0.1240	0.0007
ⅢB2	0.5902	0.0000	0.0989	0.0211
ⅢB3	0.1952	0.0099	0.2217	0.0819

ML 地名主要分布在ⅡA2 小兴安岭长白山地针叶林区（23.99%）和ⅡA3 松辽平原东部山前台地针阔叶混交林（28.76%），以及ⅡA1 三江平原湿地区（17.30%）和ⅡB1 松辽平原中部森林草原区（13.00%）。可以发现主要是针叶林地区，也就是渔猎、狩猎地区。ML 地名文化景观分布区域主要在中温带以及湿润地区，该区域物产资源丰富但是气温较低，所以多以自然植被为主，其生活生产方式也是以狩猎为主。

汉语地名的空间分布较为均衡，相对较多的有ⅢB3 华北山地落叶阔叶林区（22.17%）、ⅡB1 松辽平原中部森林草原区（14.93%），以及ⅡA3 松辽平原东部山前台地针阔叶混交林（12.67%）和ⅢA1 辽东胶东低山丘陵落叶阔叶林、人工植被区（12.40%）。汉语地名文化景观分布较为均衡，大规模的移民分布在整个东北地区，同时因为多为从华北平原迁移而来的汉族移民，多选择了与以前生活环境相接近的地区。

蒙古语地名文化景观主要分布在ⅡC1 西辽河平原草原区（27.87%）、ⅡC2 大兴安岭南段草原区（16.60%）、ⅡC4 呼伦贝尔草原区（14.51%）、ⅡB1 松辽平原中部森林草原区（13.85%）。我们发现，蒙古语地名文化景观多是在Ⅱ中温带以及 C 半干旱地区的草原地区分布，说明蒙古语地名文化景观的植被环境一直以草原为主，这符合蒙古族一直以游牧为主要生活方式的特点。

　　汉语地名文化景观的分布主要以半湿润地区为主，比例为47.60%，以湿润地区（30.67%）和半干旱地区（21.72%）为辅。而MAR地名文化景观的分布主要在半湿润地区（57.76%），其次为湿润地区（35.82%），而半干旱地区较少（6.41%）。而ML地名文化景观的分布主要集中在湿润地区（72%），只有少部分是在半湿润地区（25.30%）。蒙古语地名文化景观的分布主要是半干旱地区（67.97%），少部分在半湿润地区（29.48%）。干湿状况是影响蒙古语地名文化景观分布最重要的影响因素。虽然干湿状况单独对于汉语地名文化景观和满语地名文化景观空间分异的解释能力较弱，但是与其他因素交互之后，可以达到非线性增强的作用。这是因为干湿状况对于当地植被的生长有着非常重要的影响，进而对于当地居民以何种方式从事生产活动至关重要，所以对地名文化景观分布有较大的影响，详见表5-13。

表5-13　　　　　　　　干湿状况因素空间分异比例

	MAR	ML	汉语	蒙古语
1	0.3582	0.7200	0.3067	0.0255
2	0.5776	0.2530	0.4760	0.2948
3	0.0642	0.0270	0.2173	0.6797

　　从温度带的划分对于汉语地名文化景观和MAR地名文化景观的空间分异解释能力的比例得出（见表5-14），汉语地名文化景观主要分布在温带地区，其比例达到69.20%，中温带的比例为27.08%。MAR地名文化景观主要是在分布温带地区（90.07%），而ML地名文化景观主要是分布在中温带地区（73.82%），而蒙古语地名文化景观分布在中温带（55.20%）和温带（40.58%）的分布比例相近。说明对于蒙古族地名的分布来说，温度所带来的差异并不是主要的影响因素，因为草原植被受到温度的影响较小。而汉族因为主要是从华北迁移而来，所以更喜欢与迁出地不仅距离较近，而且更加温暖的温带地区作为居住地区。满族从原来较为寒冷的中温带地区迁移到了较为温暖的温带地区，因为当时的

松花江流域的生活条件属于边疆寒冷之地，只有少量驻扎官兵和流民流放至此。

表5-14 温度带因素空间分异比例

	MAR	ML	汉语	蒙古语
1	0.0000	0.1080	0.0372	0.0422
2	0.9007	0.1538	0.6920	0.4058
3	0.0993	0.7382	0.2708	0.5520

从各语言地名文化景观的生态环境总体来看，寒温带只有北部少数地区，温带也只有辽东沿海部分，剩下的绝大部分都是中温带。蒙古语地名文化景观主要分布在呼伦贝尔平原草原区和大兴安岭南段草原区以及西辽河平原草原区，还有部分在松辽平原中部森林草原区。干湿状况的3半干旱地区与蒙古语地名文化景观的分布情况相近，都主要是在草原区。ML地名文化景观主要分布在小兴安岭长白山地针叶林区、三江平原湿地区、松辽平原东部山前台地针阔混交林区，基本都是在湿润地区也就是针叶林地区。MAR地名文化景观主要在华北山地落叶阔叶林区，以及辽东胶东低山丘陵落叶阔叶林、人工植被区，部分在松辽平原中部森林草原区、松辽平原东北山前台地针阔混交林区和小兴安岭长白山地针叶林区。其中只有山海关附近区域是ⅢB2华北平原人工植被区。

土壤影响的汉语地名文化景观分布（见表5-15）以城区（27.97%）和人为土（14.71%）为主，MAR地名文化景观也是以城区（37.14%）和人为土（13.46%）为主，ML地名文化景观也是以城区（21.30%）和人为土（17.62%）为主。而蒙古语地名文化景观以15初育土（20.71%）、18盐碱土（15.90%）、12钙层土（15.38%）为主，这些土壤与草原的生态环境一致，适合草原放牧。MAR地名文化景观的土壤也被作为可以增强交互作用的因素。虽然单因素的影响力较小，但与其他因素交互作用后的划分可以增加满语地名文化景观的影响力。汉族大部分都选择了城区生活，而不是自然环境为主的地区，故汉语地名的城区影响力更强。

表5-15　　　　　　　　　　　土壤分区空间分异比例

	MAR	ML	汉语	蒙古语
10	0.0721	0.0904	0.0469	0.0126
11	0.0966	0.0927	0.0851	0.0492
12	0.0165	0.0268	0.0456	0.1538
15	0.0389	0.0235	0.0537	0.2071
16	0.0980	0.1041	0.0826	0.0705
17	0.0049	0.0588	0.0242	0.0169
18	0.0391	0.0196	0.0872	0.1590
19	0.1346	0.1762	0.1471	0.0091
22	0.3714	0.2130	0.2797	0.0030
24	0.0326	0.0772	0.0535	0.1301
25	0.0952	0.1176	0.0945	0.1888

坡向因素虽然单独的作用力较小，但是与其他因素交互作用多会产生非线性增强的影响（见表5-16）。各民族在各个坡向所占的比例相近，但是MAR和ML地名文化景观所占平地的比例稍小，分别为6.37%和7.87%。汉语地名文化景观的平地比例高于满语地名文化景观，比例为14.78%。而蒙古语地名文化景观主要分布在平原地区，所以平地所占比例较高，达到17.36%。

表5-16　　　　　　　　　　　坡向因素空间分异比例

	MAR	ML	汉语	蒙古语
1	0.0637	0.0787	0.1478	0.1736
2	0.0894	0.0974	0.0829	0.0997
3	0.0951	0.1021	0.0899	0.1096
4	0.0990	0.0930	0.0911	0.1131
5	0.1111	0.0905	0.0941	0.1000

续表

	MAR	ML	汉语	蒙古语
6	0.1147	0.0982	0.0965	0.0953
7	0.1108	0.1102	0.1018	0.0727
8	0.1094	0.1155	0.1079	0.0652
9	0.1027	0.1101	0.0969	0.0767
10	0.1042	0.1044	0.0910	0.0942

坡度因素虽然单独作用的影响力较小，但是与其他因素有交互增强作用（见表5-17）。蒙古语地名文化景观主要在平原地区，比例为62.46%，随着坡度的增加，所占比例从22.72%下降到14.82%。其他语言地名文化景观各个坡度所占比例较为接近。

表5-17　　　　　　　　坡度因素空间分异比例

	MAR	ML	汉语	蒙古语
1	0.4086	0.3172	0.4249	0.6246
2	0.2802	0.2868	0.2613	0.2272
3	0.3112	0.3960	0.3138	0.1482

地形因素是综合考虑坡度、坡向、海拔等因素共同作用得到的（见表5-18）。汉语地名文化景观主要在平地（23.04%）、台地（16.52%）、丘陵（13.27）、低山（11.48%）、中起伏山地（12.68%）和大起伏山地（13.32%），所占比例大致相同。MAR地名文化景观主要在平原（20.71%）、台地（15.22%）、丘陵（18.38%）、低山（15.64%）、中起伏山地（10.26%），与汉语地名的分布相近，但是没有大起伏山地。ML地名文化景观平原（14.59%）和台地（14.19%）的比例较小，有着较大比例的是中起伏山地（17.94%）、大起伏山地（22.37%）和极大起伏山地（11.51%），这也证明了满语地名文化景观过去主要以山地为主，所以他们的生活方式也是以狩猎为主。蒙古语地名文化景观平原（33.19%）、台地（22.75%）和丘陵（22.95%）的分布较多，而没有大起伏山地，这是因为他们主要生活在草原地区。

表5-18 地形因素空间分异比例

	MAR	ML	汉语	蒙古语
1	0.2071	0.1459	0.2304	0.3319
2	0.1522	0.1419	0.1652	0.2275
3	0.1838	0.0935	0.1327	0.2295
4	0.1564	0.1005	0.1148	0.1234
5	0.1026	0.1794	0.1268	0.0877
6	0.0664	0.2237	0.1332	0.0000
7	0.1315	0.1151	0.0970	0.0000

这种坡度和坡向的空间分布与各民族的生活生产方式有着一致性。汉族聚落是农耕文化，所以选择以平地为主要居住地区。而满族聚落是狩猎文化，以山地等自然资源丰富的地区为主要居住地区，所以平地的比例较低。而蒙古族聚落以平原游牧为主，所以会有着较高比例的平地。

5.5.3 影响因素分析

东北地区各地名空间分布格局的影响因素的解释能力与东北的历史发展有着较大联系。满族长期生活在中国东北地区，尤其是黑龙江和长白山地区，作为满族的发祥地，这里又称为清朝的"龙兴之地"。在清朝前期（后金）居住于柳条边以东地区的满族，随努尔哈赤进入辽东地区，定都沈阳，而辽东地区多为汉族居住区，随着后金的建立，辽东地区随着努尔哈赤的军队进入，这些地区开始出现满族聚居区，这也是目前满族聚居区的雏形，这些满族移民后随清政府定都北京，史称"从龙入关"（潘玉军等，2014）。在柳条边以东地区，只有八旗的驻守以及流入。柳条边对于东北地区的满语地名文化景观分布有着非常重要的影响。

通过空间分异性特征分析，满语地名文化景观的分布主要与柳条边的划分以及生态地理分区相关，生态地理分区是结合各种生态以及地理学指标，包括水热条件（温度和干湿状况）、土壤、地形、植被，综合考虑所划分的。生态地理分区与柳条边对 MAR 和 ML 地名空间分异的影响力都较高，也就是自然综合因素与人文综合因素对于满族空间划分的作用与满语地名文化景观的空间分异情况最为接近。

对于汉语地名文化景观空间分异情况，生态地理分区的影响大于柳条边的作用，说明汉语地名文化景观的分布更接近生态地理分区的划分。这种影响因素的空间分异特征与汉族作为移民进入东北地区的历史情况相吻合。1904 年（光绪三十年）封禁全面解除后，山东以及直隶地区（今河北省）移民达到高潮。同时由于灾荒等原因，汉族移民迁移至东北地区进行开垦（赵英兰，2011）。当时满族聚居地区的生态地理环境与汉族原先所在的华北地区相近，气候适宜耕种，且地理空间上较为接近的，汉族移民多数选择在此地区开始耕种，并逐渐向北部延伸（方修琦等，2005）。所以生态地理分区和植被型对于汉语地名文化景观的空间分异情况解释能力较强，而汉语地名文化聚集区在地形的选择上多以坡度较为平缓、土壤适宜耕种的地区为主。由于汉族多是移民而来，更易选择靠近公路和铁路等交通方便地区。其对河流的需求并不像渔猎民族，适当的河流距离即可。

汉语和满语地名文化景观的影响因素都是生态地理分区和柳条边排在首要位置，但是对于蒙古语地名文化景观的空间分布，柳条边仅能解释 20% 的空间分异特征，而生态地理分区的解释能力达到 70%，其中湿度达到了 57%，说明蒙古语地名文化景观的空间分异主要来自湿度影响下的生态地理分区的空间划分情况，而受到柳条边等人文因素的影响较小。所以当封禁解除之后，蒙古语地名文化景观受到的影响并不显著，依旧生活在原有的环境，其民族传统文化没有变化，本族语言也较好地保持了一致性。

由于各地区的生产生活方式不同，并且各语源地名的发展过程不同，从而东北地区各语言都具有与其独特生活生产方式相符合的特色词汇（孙宏开等，2006）。满语的建立主要是基于当时的生活方式，即以骑射为主的渔猎生产方式，所以多以描述动植物为主。满语里有反映骑射、狩猎和社会组织等方面的词汇，也有建立清朝以后不断丰富起来的官职、宫廷器用、文化教育方面的词汇（孙宏开等，2006）。

汉族有着持续数千年的农耕文化，大量汉族移民进入东北地区进行农业垦殖，而满语聚集区远离了当时适宜狩猎的以高山植被为主的生态环境，更多的居民选择学习耕种，逐渐被汉化。随着当地满族与汉族文化交流增多，原始渔猎生活状态打破，在植被类型上体现为从林地、草地逐渐变为农耕用地，当地文化逐渐以农耕文化为主。

满族的生活生产方式逐渐转向农耕文化，且其聚居区所在地的交通便利，这使得满族更易与汉族交流学习农业种植而非传统的渔猎活动。随着传统生活方式的改变，因满语词汇更适宜传统渔猎文化，无法精确表达农耕文化，一些满语原有词汇使用频率降低，汉语借词大量增加。而语言主要负责交流，随着满汉交流的密切，应用汉语更方便与其他人交流，这就使得满族人更倾向于使用具有完善表达的汉语来交流。所以，越来越多满族聚居区地名选择使用汉语而不是满语。

蒙古族持续生活在柳条边以西地区，这里属于草原地区，非常适宜游牧生活方式，所以蒙古族一直保持着传统的生活生产方式，与其相辅相成的蒙古语也一直延续下来。同时，由于其生态地理环境与华北地区差别较大，所以并没有大规模的汉族迁移至此，生态环境以及生活方式并没有发生改变。该地区的蒙古族居民一直使用蒙古语来沟通表达，于是蒙古语地名并没有受到汉语影响。

6 结论与展望

6.1 主要结论

东北地区拥有众多独具特色的地名，本书参考地名词典及收集和整理的文献资料，利用地理信息系统（GIS）通过空间分析方法研究东北地区不同语源地名的空间分布特征，并基于地名的命名特点，进一步分析东北地区历史发展的空间过程；通过对比不同语源地名的空间分布格局，分析它们的空间关系，并将生态环境作为影响不同语源地名空间分布的因素，进一步探讨地名文化景观与生产方式的空间分布相关性。基于地理探测器分析东北地区地名文化景观分布的空间分异特征，通过分析影响地名空间分布的因素，本书探讨了人文和自然因素对于不同语源地名文化景观分布的影响，本书探讨历史背景中人类与环境之间的关系，得到以下结论：

（1）地名反映历史时期聚落分布特征

东北地区具有广泛分布的不同语源地名，参考地名词典以及相关史料文献来进行收集和整理，发现东北地区地名的语源以阿尔泰语系语言为主，并将不同语源地名进行空间分析。结合东北地区各时期地名历史文化背景，发现东北地区的原住民依旧在其原有的居住地进行生产生活，地名文化在历史变化过程中并没有远离其原始生活文化区。同时根据地名的命名由来可知，地名与其地理环境及空间位置有关联。

（2）东北地区的地名文化景观分布

本书将东北地区地名文化和人口作为研究对象，通过空间分析方法得到东北地区各语源地名的分布范围，发现与现今东北地区的主要人口分布情况相吻合，从而证明在中国东北地区可以利用语源地名，分析地名所代表文化的空间分布情况。利用地名文化景观与生态系统多样性进行回归分析，结果反映出内蒙古地区具有较好的生态文化多样性，而满语、达斡尔语、鄂伦春语和鄂温克语的地名聚集区域与生态景观多样性呈现负相关。由于东北地区近百年来生态环境发生了巨大变化，因此可以结合地名所展现的地理环境和传统生活生产活动，为研究东北地区历史时期的聚落活动范围及生活环境提供参考。

（3）地名文化景观分布与其生活生产方式具有相关性

地名文化景观可以反映东北地区的历史变化过程，来源于满语的地名在一定程度上反映女真时期的分布情况，而满族聚居区的地名则反映现今满族的分布情况。满族从宁古塔和吉林地区的女真生活地区，逐渐转移到以盛京为中心的柳条边地区，并逐步形成现今的满汉杂居的分布情况。而汉语地名现今主要分布在辽河平原以及松嫩平原地区，蒙古语地名一直分布在柳条边以西的草原地区。将东北地区的满语地名（包括ML和MAR）、汉语地名和蒙古语地名与有关生活生产方式进行相关分析，结果反映出地名的分布与生活生产方式的空间分布以及交通因素的密度分布具有很强的相关性。

（4）植被及交通因素对于地名空间分异特征的影响

本书利用植被和交通因素对于东北地区地名文化景观空间分布的解释能力，来分析可塑性面积单元问题对于地名文化景观分布空间分异性的影响。利用不同栅格大小的地名数据以及不同划分尺度的植被类型，发现尺度效应并不是影响地名文化景观空间分异情况的主要因素。而在相同栅格大小上，划区效应对植被和交通因素均具有较大影响：不同的植被划分方法引起的划区效应较大地影响了植被因素对于地名文化景观空间分异的解释能力；交通距离不同离散方法引起的划区效应，对于地名文化景观的分布的影响也较大，但影响力会随着离散分类数的增加而趋于平稳。

（5）东北地区影响地名文化景观空间分异的因素主要为柳条边和生态地理分区

根据地理探测器分析，柳条边和生态地理分区及其交互作用能够较好地体现出东北地区地名文化景观的空间分异情况，是影响地名文化景观分布的主要空间因素。同时，本书从柳条边和生态地理环境的变化角度解释了地名文化景观分布的原因：清朝初期满族的迁移，和清朝末期汉族的大量迁移，使得东北地区满汉杂居。因为移民以汉族农民为主，且辽东地区一直是汉族居住地，辽东地区的生态环境与华北地区相一致或者相近，较为适宜耕种，所以更多的汉族选择居住在与其原来环境相近的辽河平原地区。满族居住地的生态环境同样发生了改变，从适合针叶林生长的中温带地区迁移到适宜耕种的暖温带地区，所对应的生活生产方式也发生了改变，从传统的渔猎、狩猎向汉文化的农耕转变。

6.2 研究展望

本书基于东北地区特有的阿尔泰语系语源地名，利用其空间位置，从时空分析的角度，研究影响东北地区地名分布的空间因素，通过分析对地名文化景观分布具有影响的空间因素，从东北地区的历史沿革以及社会经济等方面，探讨地名文化景观变化的过程及原因，进而从生态语言角度，分析所在地居民生活环境以及生产方式的变化，对于地名分布的影响。

柳条边和生态地理分区的交互作用能够解释70%以上汉语和蒙古语地名文化景观的空间分布格局的情况，说明汉语和蒙古语地名文化景观的分布情况受到空间因素的影响较大。虽然选用了多种空间影响因素来分析满语地名文化景观的空间分异情况，但是探测影响因素与满语地名文化景观空间分布格局的解释作用只达到了一半，说明还有其他因素影响满语地名文化景观分布。其中，以柳条边为代表的人文因素对于满语地名文化景观分布具有重要影响，随着东北地区历史发展，满语地名文化景观的分布还受到历史因素的影响，这些在接下来的研究中会进一步探讨。

时间和空间是分析地名变化的两个基本维度，历史学侧重在时间维度上的描述及其特征规律，地理学则是关注在空间维度上的发展与变化。要研究地名随时间的变化发展，就是要将时间和空间两者相结合，探寻它们形成发展的原因和规律。地理空间环境作为当时历史背景的承载体，自然环境影响了地名文化的演变和空间分布，同时随着历史的演化发展，人类活动也同样改变了当地的文化和社会环境，研究地名演变过程对探讨过去历史背景中人类与环境之间的关系有着重要的作用，因此东北地区地名文化景观的分布不仅有生态及环境作用的影响，还有社会、经济、文化等多方面因素的影响，如何更好地结合其他因素，进一步分析地名时空分布的原因，提出科学有效保护地名文化的方法，是接续研究需要重点研究的方面。

同时，地名作为非物质文化遗产，不仅可以用来体现传统文化与历史内涵，利用地名特有的空间位置，结合地名所反映的环境背景和传统活动，在一定程度上还可以体现历史时期民族传统聚集区的分布范围。具有较高的研究和保护价值。根据以上结论，本书提出下列建议：

（1）加强从地名视角出发的文化景观分布历史研究的开展及结论的现实应用。

本书发现，地名由来空间分布能够反应历史时期的居住环境空间分布情况，说明地名可以作为历史分布研究的新资料。政府相关部门可加强对从这一视角开展研究工作的引导，并促进对相关结论的现实应用。

（2）以历史时期聚落分布情况反映的文化交融为内涵和出发点，加强文化间交流交融。

本书反映了东北地区多元文化间交流交融的历史演变情况，为政府相关部门开展现阶段的地名文化间交流对话工作与未来相关事业的计划制订提供了历史依据，有利于现实工作的开展。因此，充分挖掘历史时期地名文化间交流交融的资料证明，能够助推地名工作的稳步发展。

参考文献

[1] 毕硕本，计晗，陈昌春，等.地理探测器在史前聚落人地关系研究中的应用与分析 [J]. 地理科学进展，2015，34（1）：118-127.

[2] 毕硕本，凌德泉，计晗，等.郑洛地区史前聚落遗址人居环境宜居度指数模糊综合评价 [J]. 地理科学，2017，37（6）：904-911.

[3] 才宛冬.吉林省满族鹰猎文化保留地习俗浅探 [J]. 赤峰学院学报（汉文哲学社会科学版），2015（3）：13-15.

[4] 曹树基.中国人口史：第五卷清时期 [M]. 上海：复旦大学出版社，2001.

[5] 曹雪，金晓斌，王金朔，等.近300年中国耕地数据集重建与耕地变化分析 [J]. 地理学报，2014，69（7）：896-906.

[6] 陈晨，修春亮，陈伟，等.基于GIS的北京地名文化景观空间分布特征及其成因 [J]. 地理科学，2014，34（4）：420-429.

[7] 陈刚.超媒体地理信息技术在六朝建康历史地理研究中的应用刍议 [J]. 南京晓庄学院学报，2004，20（3）：41-45.

[8] 陈佳华.八旗制度概述 [J]. 北方文物，1993（2）：64-69.

[9] 陈洁.吉林市满语地名与满族文化探析 [J]. 满族研究，2006（4）：69-71.

[10] 陈静.东北三省县级及以上历时地名文化内涵探析 [J]. 哈尔滨师范大学社会科学学报，2019，10（2）：162-165.

[11] 陈优良，连伟海，卞焕.客家地名文化景观的空间分布特征及成因 [J]. 测绘科学，2019，44（3）：70-77.

[12] 程妮娜.东北史 [M].长春：吉林大学出版社，2001：273-274.

[13] 初建朋，侯甬坚.基于GIS技术建立明清时期山西省人口耕地资料数据库 [J].唐山师范学院学报，2004，26（2）：73-75.

[14] 崔乃夫.中华人民共和国地名大词典 [M].北京：商务印书馆，2002.

[15] 戴均良.中国古今地名大词典 [M].上海：上海辞书出版社，2005.

[16] 戴庆夏.中国濒危语言个案研究 [M].北京：民族出版社，2004.

[17] 董玉祥，徐茜，杨忍，等.基于地理探测器的中国陆地热带北界探讨 [J].地理学报，2017，72（1）：135-147.

[18] 杜有，孙春日.论近代东北地区汉族移民来源及其贡献 [J].云南民族大学学报（哲学社会科学版），2019，36（5）：121-127.

[19] 范俊军.生态语言学研究述评 [J].外语教学与研究，2005，37（2）：110-115.

[20] 范俊军.中国濒危语言有声语档数据规则 [J].西北民族大学学报（哲学社会科学版），2016（3）：53-61.

[21] 范立君，黄秉红.清末民初东三省移民与近代城镇的兴起 [J].吉林师范大学学报（人文社会科学版），2006（1）：93-98.

[22] 范立君，谭玉秀.百年来国内清代东北移民史研究述评 [J].中国史研究动态，2013（5）：64-72.

[23] 方修琦，叶瑜，葛全胜，等.从城镇体系的演变看清代东北地区的土地开发 [J].地理科学，2005，25（2）：129-134.

[24] 方修琦，叶瑜，曾早早.极端气候事件-移民开垦-政策管理的互动——1661~1680年东北移民开垦对华北水旱灾的异地响应 [J].中国科学：地球科学，2006（7）：680-688.

[25] 高向东，王新贤.中国少数民族人口分布与变动研究——基于1953—2010年人口普查分县数据的分析 [J].民族研究，2018（1）：58-69；125.

[26] 葛剑雄，华林甫.二十世纪的中国历史地理研究 [J].历史研究，2002（3）：145-165.

[27] 葛全胜，戴君虎，何凡能，等.过去300年中国部分省区耕地资源数量变化及驱动因素分析 [J].自然科学进展，2003，13（8）：825-832.

[28] 葛全胜，何凡能，郑景云，等.20世纪中国历史地理研究若干进展 [J].中国历史地理论丛，2005，20（1）：7-14.

[29] 耿阳，朱红.东北地区满语地名研究述评 [J].辽宁工业大学学报（社会科学版），2017，19（1）：52-54.

[30] 关亚新.清代柳条边对东北地区生态环境的作用及影响 [J].史学集刊，2010（6）：76-83.

[31] 管彦波.中国民族地理分布及其特点［J］.民族论坛，1996（3）：19-23.

[32] 郭金运，杨磊，刘新，等.由TOPEX/Poseidon探测的中国区域后向散射系数时空分布［J］.中国科学：地球科学，2013（4）：677-692.

[33] 郭孟秀.略论满语濒危过程［J］.满语研究，2007（2）：38-47.

[34] 郭孟秀.满语濒危原因探析［J］.满语研究，2008（2）：30-36.

[35] 郭孟秀.试论满族文化的生成［J］.满语研究，2009（2）：104-109.

[36] 郭孟秀.试论满族共同体形成初期的文化多元成分［J］.满语研究，2010（2）：105-110.

[37] 国家基础地理信息中心.国家基础地理信息系统1：400万数据［EB/OL］.［2024-01-31］.http://www.ngcc.cn/.

[38] 国家统计局人口和就业统计司，国家民族事务委员会经济发展司.中国2010年人口普查分民族人口资料［M］.北京：民族出版社，2013.

[39] 国务院人口普查办公室，国家统计局人口和就业统计司.中国2010年人口普查分县资料［M］.北京：中国统计出版社，2012.

[40] 韩丽霞.八旗文学文献视域下的《雪桥诗话》与《熙朝雅颂集》［J］.满族研究，2014（4）：100-110；126.

[41] 何郑莹，徐建刚，裘行洁.GIS辅助对长汀"客家首府"地位形成与地理环境关系的探讨［J］.江西师范大学学报（自然科学版），2004，28（5）：458-463.

[42] 胡明星，董卫.基于GIS的古村落保护管理信息系统［J］.武汉大学学报（工学版），2003，36（3）：53-56.

[43] 胡艳霞.黑龙江满语、蒙古语地名小议［J］.满语研究，2003（1）：68-72.

[44] 黄培，董建中.满族文化的转向（1583—1795年）·导言［J］.清史研究，2012（3）：136-149.

[45] 黄锡惠.满语地名翻译的语源、音变问题［J］.满语研究，1991（2）：95-112.

[46] 黄锡惠.满语地名翻译的同音异源问题［J］.满语研究，1995（2）：78-95；136.

[47] 黄锡惠.满语地名与满族文化［J］.满语研究，2000（2）：52-56.

[48] 黄锡惠，王岸英.满语地名研究方法谈［J］.满语研究，2004（1）：48-60.

[49] 贾文毓，李引.中国地名辞源［M］.北京：华夏出版社，2005.

[50] 姜维公.中国东北民族史：下卷［M］.长春：吉林文史出版社，2014.

[51] 郎淑芝.满族在历史上与中原王朝的关系［J］.中央民族学院学报，1988

(6)：19-23.

[52]　冷翔龙.满语地名研究概述 [J]. 民族翻译，2010 (3)：90-93.

[53]　李蓓蓓，方修琦，叶瑜，等.中国东北地区过去300年耕地开垦导致的碳收支 [J]. 中国科学：地球科学，2014 (9)：1987-1996.

[54]　李凡.GIS在历史、文化地理学研究中的应用及展望 [J]. 地理与地理信息科学，2008 (1)：21-26；48.

[55]　李凡，朱竑.GIS在历史及文化地理学研究中的应用——国外研究进展综述 [J]. 人文地理，2009 (1)：41-47.

[56]　李凡，朱竑，黄维.从祠堂视角看明至民国初期佛山宗族文化景观的流变和社会文化空间分异 [J]. 地理科学，2009，29 (6)：929-937.

[57]　李建华，米文宝，冯翠月，等.基于GIS的宁夏中卫县地名文化景观分析 [J]. 人文地理，2011，26 (1)：100-104.

[58]　李为，张平宇，宋玉祥.清代东北地区土地开发及其动因分析 [J]. 地理科学，2005，25 (1)：7-16.

[59]　李喜林.清代的柳条边 [J]. 兰台世界，1999 (4)：38-39.

[60]　李勇植.以地名考察延边地区民族流动与多元文化的形成 [J]. 延边大学学报 (社会科学版)，2017，50 (4)：54-61.

[61]　林德春.满语地名研究述略 [J]. 吉林师范大学学报 (人文社会科学版)，2011 (5)：61-64.

[62]　林晖，张捷，杨萍，等.空间综合人文学与社会科学研究进展 [J]. 地球信息科学，2006，8 (2)：30-37.

[63]　林珊珊，郑景云，何凡能.中国传统农区历史耕地数据网格化方法 [J]. 地理学报，2008 (1)：83-92.

[64]　刘锦藻.清朝文献通考：卷192兵十四 [M]. 杭州：浙江古籍出版社，2000：6559.

[65]　刘景宪，赵阿平.中国当代满语文研究的内容及成果 [J]. 黑龙江民族丛刊，1994 (1)：123-126.

[66]　刘庆相.略谈满族人口的历史演进及其特征 [J]. 人口学刊，1995 (5)：34-38.

[67]　刘彦随，杨忍.中国县域城镇化的空间特征与形成机理 [J]. 地理学报，2012，67 (8)：1011-1020.

[68]　刘扬.从文化语言学角度看东北地名研究角度及方法 [J]. 智库时代，2019 (6)：256-257.

[69]　吕丹.黑龙江省满语地名研究综述 [J]. 赤峰学院学报 (汉文哲学社会科学版)，2014，35 (3)：127-128.

［70］ 吕妍，张树文，杨久春.基于地名志的东北历史时期土地利用变化研究——以吉林省镇赉县为例［J］.地球信息科学学报，2010，12（2）：174-179.

［71］ 满志敏.关于CHGIS第二阶段数据模型的定义问题［J］.历史地理，2003（1）：231-239.

［72］ 那挺，曹福存.凝固的艺术活化的历史——满族传统建筑与满族文化［J］.中国民族，2007（10）：38-39.

［73］ 牛平汉.清代政区沿革综表［M］.北京：中国地图出版社，1990.

［74］ 牛汝辰.中国地名由来词典［M］.北京：中央民族大学出版社，1999.

［75］ 潘玉军，伊继东，孙俊，等.中国民族地理［M］.北京：科学出版社，2014.

［76］ 潘喆，孙方明，李鸿彬.清入关前史料选辑第一辑：清太祖武皇帝实录［M］.北京：中国人民大学出版社，1984.

［77］ 乔治忠.后金满文档册的产生及其史学意义［J］.社会科学战线，1994（3）：155-160.

［78］ 曲晓范.近代东北城市的历史变迁［M］.长春：东北师范大学出版社，2001.

［79］ 曲晓范.满铁附属地与近代东北城市空间及社会结构的演变［J］.社会科学战线，2003（1）：155-161.

［80］ 曲晓范，周春英.近代辽河航运业的衰落与沿岸早期城镇带的变迁［J］.东北师范大学学报（哲学社会科学版），1999（4）：15-22.

［81］ 冉有华，李新，国家冰川冻土沙漠科学数据中心.中国植被功能型图（1公里）［EB/OL］.［2024-01-31］.http：//www.ncdc.ac.cn/portal/.

［82］ 任启平，陈才.东北地区人地关系百年变迁研究——人口、城市与交通发展［J］.人文地理，2004（5）：69-73.

［83］ 史金波.加强民族史研究 重视"绝学"维护民族团结和国家统一［J］.民族研究，2019（2）：1-2.

［84］ 史为乐.中国历史地名大辞典［M］.北京：中国社会科学出版社，2005.

［85］ 苏海洋.GIS在历史地理学中的应用［J］.地理信息世界，2006，10（5）：53-55.

［86］ 苏煜.丝绸之路沿线新疆草原石人文化遗址时空分布及演变研究［D］.西安：陕西师范大学，2017.

［87］ 蘇基朗.晚明松江地区历史地理信息系统数据库［EB/OL］.［2024-01-31］.https：//www.wenxianxue.cn/daohang/47.html.

［88］ 孙百生，郭翠恩，杨依天，等.基于GIS的承德乡村地名文化景观空间分布特征［J］.地理科学，2017，37（2）：244-251.

[89] 孙冬虎.清代以来东北地区民族构成及地名的变迁 [J]. 社会科学战线，1998 (5)：202-209.

[90] 孙宏开，胡增益，黄行，等.中国的语言 [M].北京：商务印书馆，2006.

[91] 孙文良.论满族的崛起 [J]. 民族研究，1986 (1)：7-15.

[92] 谭其骧.中国历史地图集释文汇编·东北卷 [M].北京：中央民族学院出版社，1988.

[93] 谭其骧.简明中国历史地图集 [M]. 北京：中国地图出版社，1991.

[94] 汤国安.地理信息系统教程 [M]. 北京：高等教育出版社，2007：278.

[95] 唐惠燕.基于 GIS 江苏种植结构演变研究 (1949—2011) [D]. 南京：南京农业大学，2014.

[96] 唐晓峰.北京历史地图的数字化 [J]. 北京社会科学，2004 (4)：90-94.

[97] 王彬，黄秀莲，司徒尚纪.广东地名语言文化空间结构及景观特征分析 [J]. 人文地理，2012，27 (1)：39-44.

[98] 王彬，司徒尚纪.基于 GIS 的广东地名景观分析 [J]. 地理研究，2007 (2)：238-248.

[99] 王彬，岳辉.GIS 支持的广东地名景观 EOF 模型分析 [J]. 地理科学，2007 (2)：281-288.

[100] 王法辉.基于 GIS 的数量方法与应用 [M]. 姜世国，滕俊华，译.北京：商务印书馆，2009：223-225.

[101] 王法辉，王冠雄，李小娟.广西壮语地名分布与演化的 GIS 分析 [J]. 地理研究，2013 (3)：487-496.

[102] 王劲峰，廖一兰，刘鑫.空间数据分析教程 [M]. 北京：科学出版社，2010.

[103] 王劲峰，徐成东.地理探测器：原理与展望 [J]. 地理学报，2017，72 (1)：116-134.

[104] 王均，陈向东.两汉时期人口数据库建设与 GIS 应用探讨 [J]. 测绘科学，2001，26 (3)：43-45.

[105] 王均，陈向东，宇文仲.历史地理数据的 GIS 应用处理——以清时期的陕西为例 [J]. 地球信息科学，2003 (1)：58-61.

[106] 王均，孙冬虎，周荣.近现代时期若干北京古旧地图研究与数字化处理 [J]. 地理科学进展，2000，19 (1)：88-93.

[107] 王均，王红，何凡能.历史时期县级政区数据库的设计与应用——以清代陕西为例 [J]. 测绘科学，2007 (4)：119-120+107+197.

[108] 王淑慧.满族传统服装造型结构研究 [D]. 北京：北京服装学院，2012.

[109] 王卫平，王国平.GIS 与区域社会经济史研究——以江南区域社会经济史研

究为例［C］//苏南社会结构变迁研究.北京：北京图书馆出版社，2004：85-100.

［110］ 王咏曦.北方渔猎民族地名试析［J］.黑龙江民族丛刊，1988（4）：67-70.

［111］ 王志伟.中国历代人口分布空间化方法研究［D］.兰州：兰州大学，2010.

［112］ 魏双建，郗笃刚，沈健.吉林省地名文化景观空间分布特征及成因分析［J］.测绘科学技术学报，2018，35（2）：211-215.

［113］ 温永宁，闾国年，苏红军，等.华夏家谱GIS的数据组织与系统架构［J］.地球信息科学学报，2010，12（2）：235-240.

［114］ 吴金林，林德春.吉林地区满语地名研究概述［J］.赤峰学院学报（汉文哲学社会科学版），2012，33（2）：40-42.

［115］ 吴晓松.东北移民垦殖与近代城市发展［J］.城市规划汇刊，1995（2）：46-53；65.

［116］ 肖超宇."清代统一多民族国家与中华民族共同体的发展"学术研讨会综述［J］.民族研究，2019（4）：136-138.

［117］ 徐佳.生态语言学视域下的中国濒危语言研究［D］.上海：上海外国语大学，2010.

［118］ 徐榕焓，徐士进，董少春.基于GIS的历史自然灾害数据库设计与实现［J］.测绘科学，2012，37（1）：85-88.

［119］ 徐世旋，廖乔婧.濒危语言问题研究综述［J］.当代语言学，2003：1430.

［120］ 薛虹，李澍田.中国东北通史［M］.长春：吉林文史出版社，1991：683-686.

［121］ 杨光浴，刘保全.基础地名学概论［M］.北京：中国社会出版社，2012.

［122］ 杨忍，刘彦随，龙花楼，等.中国村庄空间分布特征及空间优化重组解析［J］.地理科学，2016，36（2）：170-179.

［123］ 杨微.东北地区少数民族语源地名研究有待深化［N］.中国社会科学报，2017-11-16（3）.

［124］ 杨锡春.东北地名语源考［M］.哈尔滨：黑龙江人民出版社，1998.

［125］ 杨锡春，林永刚，杨泽伟.黑龙江省满语地名［M］.牡丹江：黑龙江朝鲜民族出版社，2008.

［126］ 杨绪红，金晓斌，林忆南，等.中国历史时期土地覆被数据集地理空间重建进展评述［J］.地理科学进展，2016，35（2）：159-172.

［127］ 叶瑜.20世纪40年代东北地区森林和草地分布的辨识［J］.陕西师范大学学报（哲学社会科学版），2007，36（5）：29-30.

［128］ 叶瑜，方修琦，戴玉娟，等.东北3省民国时期耕地数据的同化与垦殖率重

建 [J]. 自然科学进展, 2006, 16 (11): 1419-1427.

[129] 叶瑜, 方修琦, 任玉玉, 等.东北地区过去300年耕地覆盖变化 [J]. 中国科学: 地球科学, 2009, 39 (3): 340-350.

[130] 叶瑜, 方修琦, 张学珍, 等.过去300年东北地区林地和草地覆盖变化 [J]. 北京林业大学学报, 2009, 31 (5): 137-144.

[131] 于佳, 刘吉平.基于地理探测器的东北地区气温变化影响因素定量分析 [J]. 湖北农业科学, 2015, 54 (19): 4682-4687.

[132] 于鹏翔, 夏宇旭, 韩淑英, 等.清代东北边疆满语地名资料编目集成 [M]. 长春: 吉林文史出版社, 2009.

[133] 臧励和.中国古今地名大辞典 [M]. 北京: 商务印书馆, 1930.

[134] 曾庆亚.吉林省行政区划沿革数据库中地名数据的组织研究 [D]. 长春: 东北师范大学, 2015.

[135] 曾早早, 方修琦, 叶瑜.吉林省近300年来聚落格局演变 [J]. 地理科学, 2011, 31 (1): 87-94.

[136] 湛东升, 张文忠, 余建辉, 等.基于地理探测器的北京市居民宜居满意度影响机理 [J]. 地理科学进展, 2015, 34 (8): 966-975.

[137] 张定祥, 史学正, 于东升, 等.中国1:100万土壤数据库建设的基础 [J]. 地理学报, 2002, 57 (s1): 82-86.

[138] 张凤荣, 孔祥斌, 安萍莉.耕地概念与新一轮土地规划耕地保护区划定 [J]. 中国土地, 2006 (1): 16-17.

[139] 张佳生.满族文化总论 [J]. 满族研究, 1999 (3): 12-29.

[140] 张家瑞, 张蕾.辽宁省满族人口空间分布研究 [J]. 旅游纵览 (下半月), 2017 (16): 22-23.

[141] 张丽娟, 姜蓝齐, 张学珍, 等.19世纪末黑龙江省的耕地覆盖重建 [J]. 地理学报, 2014, 69 (4): 448-458.

[142] 张树文, 张养贞, 李颖.东北地区土地利用/覆被时空特征分析 [M]. 北京: 科学出版社, 2006.

[143] 张学珍, 王维强, 方修琦, 等.中国东北地区17世纪后期的自然植被格局 [J]. 地理科学, 2011, 31 (2): 184-189.

[144] 张正祥, 张洪岩, 李冬雪, 等.呼伦贝尔草原人为火空间分布格局 [J]. 生态学报, 2013, 33 (7): 2023-2031.

[145] 长春市图书馆.东北市县沿革及地名由来 [EB/OL]. [2024-01-31]. http://www.lib.cc.jl.cn/sjk/diming/diming.htm.

[146] 赵阿平, 郭孟秀, 何学娟.濒危语言——满语、赫哲语演变比较研究 [J]. 西南民族大学学报 (人文社科版), 2006, 27 (12): 3-10.

［147］ 赵阿平，郭孟秀，唐戈.满−通古斯语族语言文化抢救调查——富裕县三家子满族语言文化调查报告［J］.满语研究，2002（2）：39-44.

［148］ 赵寰熹.试论民族语言对历史文化和地名研究的影响［J］.北方民族大学学报（哲学社会科学版），2011（1）：133-136.

［149］ 赵英兰.从满化、汉化，到民族多元一体化——清代东北族际关系之演变［J］.东北亚论坛，2007，16（5）：116-120.

［150］ 赵英兰.清代东北人口社会研究［M］.北京：社会科学文献出版社，2011.

［151］ 赵志忠.新与旧：满族的历史定位［J］.社会科学战线，2008（8）：176-182.

［152］ 郑春燕."3S"技术在历史、文化地理学研究中的应用分析［J］.嘉应学院学报，2009，27（6）：84-87.

［153］ 郑度.中国生态地理区域系统研究［M］.北京：商务印书馆，2008.

［154］ 中共中央办公厅，国务院办公厅.关于实施中华优秀传统文化传承发展工程的意见［EB/OL］.［2017-01-25］.https：//www.gov.cn/zhengce/2017-01/25/content_5163472.htm.

［155］ 中国植被（1：100万）在线系统.国家标本资源共享平台（NSII）［EB/OL］.［2024-01-31］.http：//www.nsii.org.cn.

［156］ 中华文明之时空基础框架.Chinese Civilization in Time and Space［EB/OL］.［2024-01-31］.http：//ccts.sinica.edu.te.

［157］ 周小平.中国历代人口分布的GIS表述［D］.兰州：兰州大学，2011.

［158］ 朱竑，周军，王彬.城市演进视角下的地名文化景观——以广州市荔湾区为例［J］.地理研究，2009，28（3）：829-837.

［159］ 朱庆，卢丹丹，张叶廷.GIS三维可视化在数字文化遗产中的应用［J］.测绘科学，2006，31（1）：55-57.

［160］ ANDREAS K，WOLFGANG B.HGIS Germany：An Information System on German Statesand Territories from 1820 to 1914［J］.Historical Geography，205（33）：145-147.

［161］ AXELSEN J B，MANRUBIA S.River Density and Landscape Roughness Are Universal Determinants of Linguistic Diversity［J］.Proceedings Biological Sciences，2014，281（1784）：20141179.

［162］ BARTLEY K，CAMPBELL B M S.Inquisitiones Post Mortem，GIS，and the Creation of A Land-Use Map of Medieval England［J］.Transactions in GIS，1997（2）：333-346.

［163］ BERMAN M L.Boundaries or Networks in Historical GIS：Concepts of Measuring Space and Administrative Geography in Chinese History

[J]. Historical Geography, 2005 (33): 118-133.

[164] BORIN L, DANNÉLLS D, OLSSON L. Geographic Visualization of Place Names in Swedish Literary Texts [J]. Literary & Linguistic Computing, 2014, 29 (3): 400-404.

[165] BURENHULT N, LEVINSON S C. Language and Landscape: A Cross-linguistic Perspective [J]. Language Sciences, 2008, 30 (2): 135-150.

[166] CANDICE R L, KORINE N K, STEPHEN P P. Visualizing Linguistic Diversity Through Cartography and GIS [J]. Professional Geographer, 2013, 65 (4): 580-593.

[167] CAO F, GE Y, WANG J F. Optimal Discretization For Geographical Detectors-based Risk Assessment [J]. GIScience & Remote Sensing, 2013, 50 (1): 78-92.

[168] CAPRA G F, GANGA A, BUONDONNO A, et al. Ethnology in the Study of Toponyms Connected to the Indigenous Knowledge on Soil Resource [J]. Plos One, 2015, 10 (3): e0120240.

[169] CHANG M G. A Court on Horseback: Imperial Touring and Construction of Qing Rule, 1680-1785 [M]. Cambridge, MA: Harvard University Asia Center, 2007.

[170] CHEN XX, HU T, REN F, et al. Landscape Analysis of Geographical Names in Hubei Province, China [J]. ENTROPY, 2015, 16 (12): 6313-6337.

[171] CHGIS. Fairbank Center for Chinese Studies and the Institute for Chinese Historical Geography at Fudan University [EB/OL]. [2024-01-31]. https://chgis.fairbank.fas.harvard.edu/.

[172] COATES R. Properhood [J]. Language, 2006, 82 (2): 356-382.

[173] CONEDERA M, VASSERE S, NEFF C, et al. Using Toponymy to Reconstruct Past Land Use: A Case Study of 'BrÜSÁDa' (Burn) in Southern Switzerland [J]. Journal of Historical Geography, 2007, 33 (4): 729-748.

[174] DERUNGS C, WARTMANN F, PURVES R S, et al. The Meanings of the Generic Parts of Toponyms: Use and Limitations of Gazetteers in Studies of LandscapeTerms [M]. Springer International Publishing, 2013: 261-278.

[175] DOUGLAS B. Naming Places: Voyagers, Toponyms, and Local

Presence in the Fifth Part of the World, 1500－1700 [J]. Journal of Historical Geography, 2014, 45 (4): 12-24.

[176] ELIOT M T. The Power of Naming: The Toponymic Geographies of Commemorated African-Americans [J]. Professional Geographer, 2011, 63 (1): 34-54.

[177] ETHNOLOGUE. Languages of the World [EB/OL]. [2024-01-31]. https: //www.ethnologue.com.

[178] FAGÚNDEZ J, IZCO J. Diversity Patterns Of Plant Place Names Reveal Connections with Environ-Mental and Social Factors [J]. Applied Geography, 2016, 74: 23-29.

[179] FAGÚNDEZ J, IZCO J. Spatial Analysis of Heath Toponymy in Relation to Present-Day Heathland Distribution [J]. International Journal of Geographical Information Science, 2016, 30 (1): 51-60.

[180] FILL A. The Ecology of Language Evolution [M]. London: Cambridge University Press, 2001.

[181] FUCHS S. An Integrated Approach to Germanic Place Names in the American Midwest [J]. Professional Geographer, 2015, 67 (3): 330-341.

[182] FUCHS S. History and Heritage of Two Midwestern Towns: A Toponymic-Material Approach [J]. Journal of Historical Geography, 2015, 48: 11-25.

[183] GREGORY I N. Time Variant Databases of Changing Historical Administrative Boundaries A European Comparison [J]. Transactions in GIS, 2002 (6): 161－178.

[184] GREGORY I N, BENNETT C, GILHAM VL, et al. The Great Britain Historical GIS Project: From maps to changing human geography [J]. Cartographic Journal, 2002 (39): 37-49.

[185] GREGORY I N, ELL P S. Error Sensitive Historical GIS: Identifying Areal Interpolation Errors in Time Series Data [J]. International Journal of Geographical Information Science, 2006 (20): 135-152.

[186] GREGORY I N, ELL P S. Analysis Spatiotemporal Change by Use of National Historical Geograp-hical Information Systems [J]. History Methods, 2005, 38 (4): 149-167.

[187] GREGORY I N, ELL P S. Mapping British Population History [C]. In: Knowles A K, eds. Past Time, Past Place: GIS for History.

Redland: ESRI Press, 2021: 17-130.

[188] GREGORY I N, HEALEY R G. Historical GIS: Structuring, Mapping and Analysing Geographies of the Past [J]. Progress in Human Geography, 2007, 31 (5): 638-653.

[189] GREGORY I N, SOUTHALL H. Spatial Frameworks for Historical Censuses: The Great Britain His-torical GIS [C]. In: Hall P K, McCaa R, Thorvaldsen Get, eds. Handbook of International Historical Micodata for Population Research. The Minnesota Population Center, 2000: 319-320.

[190] GUO M, YIN T A. Tentative Study on the Practical Changes of the Oral Manchu in Sanjiazi Village [J]. ALTAI HAKPO. 2007 (17), 1-21.

[191] GUPTIL S C. Metadata and Data Catalogues [C]. In: Longley P A, Goodchild M F, Maguire D J and Rhind D W, editors, Geographical Information Systems: Principles, Techniques, Management and Applications. Chichester: Wiley, 1999: 677-92.

[192] GUTMANN P M. Preface [C]. In: Knowles K A, eds. Past time, past place: GIS for history. Redlands, CA: ESRI Press, 2002.

[193] HARMON D. Losing Species, Losing Languages: Connections Between Biological and Linguistic Diversity [J]. Southwest Journal of Linguistics, 1996, 15, 89-108.

[194] HAUGEN E. The Ecology of Language [M]. Standford: Standford University Press, 1972.

[195] HEALEY R G, STAMP T R. Historical GIS as A Foundation For the Analysis of Regional Economic Growth [J]. Social Science History, 2000 (24): 575-612.

[196] JACQUES P J, JACQUES J R. Monocropping Cultures into Ruin: The Loss of Food Varieties and Cultural Diversity [J]. Sustainability, 2012, 4 (11): 2970-2997.

[197] KLEIN G K, BEUSEN A, VAN D G, et al. The HYDE 3.1 Spatially Explicit Database of Human-Induced Global Land-Use Change Over the Past 12, 00years [J]. Global Ecology & Biogeography, 2015, 20 (1): 73-86.

[198] KNOWLES K A. Introduce Historical GIS [C]. In: Knowles K A, eds. Past Time, Past Place: GIS for History. Redlands, CA: ESRI Press, 2002.

[199] KURT S. Historical GIS: New Ways of Doing History [J]. Historical Methods, 2008, 41 (4): 191-195.

[200] LANCASTER L R, BODENHAMER D J. The Electronic Cultural Atlas Initiative and the North American Religion Atlas [C]. In: Anne Kelly Knowles eds. Past time, past place: GIS for history. Redlands, CA: ESRI Press, 2002: 163-178.

[201] LEE S, HASEGAWA T. Evolution of the Ainu Language in Space and Time [J]. Plos One, 2013, 8 (4): e62243.

[202] LEFEVER D W. Measuring Geographic Concentration by Means of the Standard Deviational Ellipse [J]. American Journal of Sociology, 1926, 32 (1): 88-94.

[203] LINDSAY J W. Some Ways to Endanger an Endangered Language Project [J]. Language & Education, 2011, 25 (4): 339-348.

[204] LOH J, HARMON D. A Global Index of Biocultural Diversity [J]. Ecological Indicators, 2005, 5 (3): 231-241.

[205] LUO W, HARTMANN J F, LIU J, et al. Geographic Patterns of Zhuang (Tai) Kinship Terms in Guangxi and Border Areas: A GIS Analysis of Language and Culture Change [J]. Social & Cultural Geography, 2007, 8 (4): 575-596.

[206] LUO W, HARTMANN J F, WANG F H. Terrain Characteristics and Tai Toponyms: A GIS Analysis of Muang, Chiang and Viang [J]. Geojournal, 2010, 75 (1): 93-104.

[207] LUO W, HARTMANN J F, WANG F H, et al. GIS in Comparative-Historical Linguistics Research: Tai Languages [J]. Comprehensive Geographic Information Systems, 2018: 157-180.

[208] LUO W, JOHN F H, WANG F H. Terrain Characteristics and Tai Toponyms: A GIS Analysis of Muang, Chiang and Viang [J]. GeoJournal, 2010, 75 (1): 93-104.

[209] LUUK S, ONNO B, PETER D. Towards a Historical Geographic Information System for the Netherlands [J]. Historical Geography, 2005 (33): 143-145.

[210] MAFFI L. Linguistic, Cultural, and Biological Diversity [J]. Annual Review of Anthropology, 2005, 34 (1): 599-617.

[211] MARÍA S, RAMÓN A D, GONZALO M, et al. Using Place Names for Mapping the Distribution of Vanishing Historical Landscape Features:

The Agras Field System in Northwest Spain [J]. Landscape Research, 2012, 37 (4): 501-517.

[212] MOSELEY C. Atlas of the world's languages in danger [M]. Paris, France: UNESCO Publishing, 2010.

[213] NING C. Manchu Language Resources in the People's Republic of China: A Comprehensive Review [J]. China Review International, 2009, 16 (3): 308-322.

[214] PAIK C, SHAWA T W. Altitude and Adaptation: A Study of Geography and Ethnic Division [J]. Applied Geography, 2013, 40 (2): 212-221.

[215] PAUL S E. A Historical GIS for Ireland [J], Historical Geography, 2005 (33): 138-140.

[216] PETER B, JIANXIONG G. China Historical GIS [J]. Historical Geography, 2005 (33): 150-152.

[217] PIERONI A. On Biocultural Diversity. Linking Language, Knowledge, and the Environment [J]. Journal of Ethnopharmacology, 2001, 78 (1): 112-113.

[218] PLEWE B. The Nature of Uncertainty in Historical Geographic Information [J]. Transactions in GIS. 2002 (6): 431-456.

[219] QIAN S, KANG M, WENG M. Toponym Mapping: A Case For Distribution of Ethnic Groups and Landscape Features in Guangdong, China [J]. Journal of Maps, 2016, 12 (sup1): 1-5.

[220] RICHARD L E. The Willow Palisade [J]. Annals of the Association of American Geographers, 2015, 69 (4).

[221] ROSE-REDWOOD R, ALDERMAN D, AZARYAHU M. Geographies of Toponymic Inscription: New Directions in Critical Place-Name Studies [J]. Progress in Human Geography, 2009, 34 (4): 453-470.

[222] ROUNSEVELL A, PEDROLI G B M, ERB K H, et al. Challenges for Land System Science [J]. Land Use Policy, 2012, 29 (4): 899-910.

[223] RUMSEY D, WILLIAMS M. Historical Maps in GIS [C]. In: Knowles K A, eds. Past Time, Past Place: GIS for history. Redlands, CA: ESRI Press, 2002.

[224] SCHUURMAN N, LESZCZYNSKI A. Ontology-based Metadata [J].

Transactions in GIS, 2006 (10): 709-726.

[225] SHI G, REN F, DU Q, et al. Phytotoponyms, Geographical Features and Vegetation Coverage in Western Hubei, China [J]. Entropy, 2015, 17 (3): 984-1006.

[226] SILVERMAN B W. Density Estimation for Statistics and Data Analysis [M]. Chapman & Hall/CRC, 1998.

[227] TENT J. Approaches to Research in Toponymy [J]. Names A Journal of Onomastics, 2015, 63 (2): 65-74.

[228] TUCCI M, RONZA R W, GIORDANO A. Fragments from Many Pasts: Layering the Toponymic Tapestry of Milan [J]. Journal of Historical Geography, 2011, 37 (3): 370-384.

[229] UNESCO. Atlas of the World's Languages in Danger [EB/OL]. http://www.unesco.org/culture/en/endangeredlanguages/atlas, 2018-11-16.

[230] VANHAUTE E. The Belgium Historical GIS [J]. Historical Geography, 2005 (33): 141.

[231] WANG F H. Quantitative Methods and Applications in GIS [J]. Crc Press Boca Raton Fl, 2006, 60 (3): 434-435.

[232] WANG F H, HARTMANN J, LUO W, et al. GIS-Based Spatial Analysis of Tai Place Names in Southern China: An Exploratory Study of Methodology [J]. Geographic Information Sciences, 2006, 12 (1): 1-9.

[233] WANG F H, WANG G, HARTMANN J, et al. Sinification of Zhuang Place Names in Guangxi, China: A GIS-based Spatial Analysis Approach [J]. Transactions of the Institute of British Geographers, 2012, 37 (2): 317-333.

[234] WANG F H, ZHANG L, ZHANG G P, et al. Mapping and Spatial Analysis of Multiethnic Toponyms in Yunnan, China [J]. Cartography and Geographic Information Science, 2014, 41 (1): 86-99.

[235] WANG J F, LI X H, CHRISTAKOS G, et al. Geographical Detectors-Based Health Risk Assessment and its Application in the Neural Tube Defects Study of the Heshun Region, China [J]. International Journal of Geographical Information Science, 2010, 24 (1): 107-127.

[236] WANG J F, ZHANG T L, FU B J. A Measure of Spatial Stratified Heterogeneity [J]. Ecological Indicators, 2016, 67: 250-256.

[237] WHALEY L. Manchu-Tungusic and Culture Change among Manchu-Tungusic Peoples [C]. In: Terrell J E, eds. Archaeology, Language and History. Bergin & Garvey, 2001: 103-124.

[238] WOONHO C, HYUN-JO Y, JUWON K. The Documentation of Endangered Altaic Languages and the Creation of a Digital Archive to Safeguard Linguistic Diversity [J]. International Journal of Intangible Heritage, 2012, 7 (10): 114-122.

[239] YE Y, FANG X Q. Land Use Change in Northeast China in the Twentieth Century: A Note on Sources, Methods and Patterns [J]. Journal of Historical Geography, 2009, 35 (2): 311-329.

[240] ZHAO A, ZHANG Y. Reasons for Endangerment of Manchu and Hezhe Languages [J]. ALTAI HAKPO, 2008, 2 (8): 134-148.

[241] ZHU Z H, ZHANG H Y, ZHAO J J, et al. Using Toponyms to Analyze the Endangered Manchu Language in Northeast China [J]. Sustainability, 2018, 10 (2).